RICARDO RECIO CARDONA

STURMTRUPPEN

LES TROUPES D'ASSAUT DE L'ARMÉE ALLEMANDE 1914-1918

HEIMDAL

Auteur : Ricardo Recio Cardona

Traduction anglaise : Gustavo Cano Muñoz
Traduction française : Carmen Lagares
Edition du texte : Sara Sánchez RivasIllustrations : Carlos de Diego Vaquerizo et Isaac Jadraque Gomez
Conception et mise en page : Vandalia Servicios Editoriales et Diseño Entre2 (et Paul Gros pour l'édition française)
Photographie : Antonio Recio Cardona
Traitement d'image : José Ignacio Pérez Lozano

CRÉDITS PHOTOGRAPHIQUES

Bundesarchiv, Le Tank Museum Bovington, les archives de Jünger-Haus (Wilflingen), la Bibliothèque du Congrès, les archives personnelles de Thomas Wictor, les archives personnelles de Maurice Sublet, les archives personnelles de Marcus Massing, les archives personnelles de Yves Soriano, et les archives personnelles de l'auteur.

REMERCIEMENTS

- Au Général Jean-Claude Laparra, qui a partagé avec moi ses connaissances et a pris le temps de lire le dernier jet de ce livre malgré ses occupations constantes. Son livre sur l'armée allemande, une référence essentielle pour tous ceux intéressés par le sujet, a éveillé mon intérêt pour la Grande Guerre, et m'a encouragé à écrire ce livre.

- À Gustavo Cano Muñoz, Francisco Gutiérrez Marín, Juan Rey Segura, et Carlos de Diego Vaquerizo pour la correction du premier jet de ce livre.

- À Thomas Wictor, Maurice Sublet, Marcus Massing, et Yves Soriano pour m'avoir généreusement permis d'utiliser leurs magnifiques collections de photos.

- À François Lagarde, pour m'avoir permis d'accéder à la collection graphique de la Jünger-Haus, et pour m'avoir autorisé à publier deux photos du célèbre auteur allemand Ernst Jünger.

- À León Burguera Peñalver, Christian Garralaga Alonso, Bernd Just, Jason Orland, et la Fondation Don Rodrigo pour m'avoir permis de photographier plusieurs artefacts de leur merveilleuse collection d'armes et d'équipement.

- À Achim Bortscher, Rosa Irún Vozmediano, Isaac Jadraque Gómez, Bruce A. Jarvis, Antonio Recio Cardona, Kornel Rojko, Marcel Salmans, Sara Sánchez Rivas, et tous ceux qui m'ont aidé et encouragé durant les quatre années de préparation pour ce livre qui a finalement été publié.

Sur la couverture : un « Unteroffizier » d'une unité de choc. La photo a probablement été prise sur un camp d'entraînement en France. (Archives de l'auteur)

c/Talleres, 21-Pol. Ind. de Alpedrete
28430 Alpedrete (Madrid), Espagne
Tél : (34) 91 857 00 08
Fax : (34) 91 857 00 48
E-mail : sales@andreapresspublishing.com
www.andreapresspublishing.com

BP 61350 - 14406 BAYEUX Cedex
Tél : 02.31.51.68.68
Fax : 02.31.51.68.60
E-mail : editions.heimdal@wanadoo.fr
www.editions-heimdal.fr

TABLE DES MATIÈRES

INTRODUCTION

Les troupes de choc sont apparues durant l'hiver de 1914-1915 et ont contribué à accroître le pouvoir offensif de l'infanterie allemande. Le développement des troupes d'assaut prit place plus tard, quelque part entre le printemps et l'été 1916, quand le premier bataillon d'assaut permanent fut créé, et que le Commandement Suprême de l'armée ordonna la formation de détachements chargés de répandre la « *Stosstrupptaktik* ».

Le 23 septembre 1917, le célèbre auteur allemand Ernst Jünger commandait un détachement du *Füsilier-Regiment Nr. 73*, avec l'ordre de mener un raid pour prendre quelques prisonniers. Jünger et ses hommes s'étaient entraînés pour cette mission dans le camp de Souleuvre, situé près de Vilcey-sur-Trey, en Lorraine française. (1) Dans son livre *Orages d'acier*, un témoignage courageux, mais amer, du terrible spectacle de la guerre, l'auteur raconte ses sentiments les jours précédant l'attaque, et explique avec force détails comment il était habillé et équipé le matin de l'attaque : (2)

« Le 10 septembre, je suis allé du camp de réserve au quartier général du régiment pour demander une permission. "Je t'avais à l'esprit", dit le colonel, "mais le régiment doit entamer quelque action de nettoyage, et je veux te la confier. Prends quelques hommes, et va t'entraîner avec eux au camp de Souleuvre."

Nous devions pénétrer dans les tranchées de l'ennemi et essayer de capturer des prisonniers. La patrouille était divisée en trois, un couple d'unités de Sturmtruppen *et un détachement qui devait s'installer dans la tranchée ennemie et garder nos arrières. J'étais le commandant général, et je menais le groupe de gauche, celui de droite je l'ai confié au* Lieutenant *von Kienitz.*

Quand j'ai demandé des volontaires, à ma grande surprise – nous étions, après tout, vers la fin de 1917 – presque les trois quarts des hommes de toutes les compagnies se sont avancés. J'ai choisi les participants sur mon chemin comme à l'accoutumée, les passant en revue, et choisissant les "bonnes têtes". Certains de ceux qui étaient refusés étaient presque en larmes. En m'incluant, mon groupe comprenait quatorze hommes, incluant l'aspirant von Zglinitzky, les sous-officiers Kloppmann, Mevius, Dujesiefken, et quelques pioniers. Tous les esprits libres du 2e bataillon étaient là.

À gauche : Sous-officiers de l'*Infanterie-Regiment Graf Bülow von Dennewitz (6. Westfälisches) Nr. 55*. Ils sont équipés de grenades et de pistolets «Parabellum P 08». (Archives de l'auteur)

À gauche : Septembre 1917. Ernst Jünger (gauche) et le lieutenant von Kienitz. L'uniforme et l'équipement de Jünger correspondent à la descrption qu'il fait dans son livre « Orages d'acier ». (Archives de Jünger-Haus)

À droite : Cette photo d'Ernst Jünger apparaît dans l'avant-propos de l'édition espagnole de son livre « Orages d'acier ». Jünger était officier au second bataillon du *Füsilier-Regiment Nr. 73*, une unité qui provenait d'un corps qui avait défendu Gibraltar des armées espagnoles et françaises entre 1779 et 1783. Pour commémorer ce fait d'armes, les troupes du régiment portaient un brassard bleu avec le mot « Gibraltar » brodé de fil jaune. (Archives de l'auteur)

Pendant dix jours, nous nous sommes entraînés avec des grenades à main, et nous avons répété l'opération sur un bout de tranchée modelé à l'image de l'originale. Il était incroyable qu'avec autant de réalisme, seulement trois hommes aient été blessés par les éclats. Nous étions exonérés de toutes nos autres servitudes, pour que le 22 septembre, quand je suis rentré à la compagnie pour la nuit, je sois en charge d'une bande d'hommes à moitié sauvages, mais utiles.

Le soir, Kienitz et moi avons marché dans les bois pour rejoindre les quartiers généraux du régiment, où le capitaine Schumacher nous avait invité pour un dîner d'adieux. Nous nous sommes ensuite allongés dans nos abris pour quelques heures. C'est une drôle de sensation, savoir que le lendemain vous risquez votre vie, et examiner sa conscience avant de s'endormir.

À trois heures du matin, nous nous sommes faits réveiller, nous sommes levés, lavés, et un petit déjeuner avait été préparé pour nous. Je me suis immédiatement fâché avec mon ordonnance, qui avait utilisé trop de sel et ruiné les œufs au plat que j'avais spécialement demandé pour me donner des forces pour l'occasion ; un mauvais départ.

Nous avons mis nos assiettes de côté et avons passé en revue toutes les éventualités. Nous avons fait passer le brandy aux cerises, et Kienitz nous a raconté de bonnes vieilles blagues. À cinq heures moins vingt, nous avons rassemblé les hommes et les avons menés au point de départ dans la tranchée. Des trous avaient déjà été coupés dans les barbelés, et de longues flèches nous dirigeaient vers notre objectif. Nous avons faits nos adieux avec des poignées de main, et nous avons attendu et peu importe ce qui allait se passer.

J'avais pris une trousse appropriée à tous les travaux que j'allais faire : sur ma poitrine, deux sacs à sable, chacun contenant quatre grenades à manche, dans ma poche de tunique droite, un petit pistolet Mauser, dans ma poche de tunique gauche, cinq grenades à main, dans la poche gauche de mon pantalon, une boussole lumineuse et un sifflet, à ma ceinture, des mousquetons, un couteau, et des pinces coupantes. Dans la poche à l'intérieur de ma tunique, je portais un portefeuille plein avec l'adresse de mon domicile, et dans ma poche arrière droite, une flasque pleine de brandy aux cerises.

Nous avions enlevé nos pattes d'épaules et nos badges Gibraltar, pour ne donner aucuns indices à nos adversaires quant à notre régiment. Pour nous identifier, nous avions un brassard blanc sur chaque bras. À cinq heures moins quatre, la division à notre gauche commença un petit feu de diversion. À cinq heures pile, le ciel s'est ouvert derrière notre front, et les obus volaient au-dessus de nos têtes. Je me tenais debout en-dehors de l'abri avec Kloppmann, fumant un dernier cigare, puis, parce qu'un certain nombre d'obus tombaient trop près, nous avons dû rentrer.

À précisément cinq heures cinq, nous étions sortis de l'abri et nous allions vers les passages pré-établis à travers les barbelés ennemis. J'ai couru devant, une grenade dans la main, et j'ai vu le groupe de droite s'élancer dans les premières lueurs de l'aube. »

À gauche: capitaine Willy Martin Ernst Roht, le principal initiateur de la *Stosstrupptaktik*, la tactique des troupes d'assaut et de choc. Il porte la croix de fer de première classe (à droite), l'Ordre de la Maison Hohenzollern (au centre), et une décoration ottomane, l'étoile de Canakkale première classe (à gauche). La tunique est appellée « Litewka » ou « Kleiner Rock » (Archives de Marcus Massing).

À droite: Un sous-officier de l'*Infanterie-Regiment Nr. 433*, l'un des trois régiments d'infanterie de la *93. Infanterie-Division*. La division a été formée en 1916 et a été active en Russie, et Ukraine, et en Roumanie. (Archives de l'auteur).

Cet extrait du livre de Jünger est un bel exemple des méthodes de combat utilisées par les troupes de choc et les troupes d'assaut allemandes durant la Première Guerre mondiale. En fait, il décrit les caractéristiques principales de la *Stosstrupptaktik* (a), le nom par lequel était connu ces tactiques: la sélection de l'officier responsable des hommes les plus aptes pour la mission, la répétition des opérations dans un champ qui reproduisait presqu'exactement l'environnement de la mission, la reconnaissance des lignes ennemies avant l'attaque pour identifier et marquer les points de pénétration les plus favorables, l'exécution du plan en suivant un horaire « minute par minute », le support de l'artillerie et des lance-mines, ainsi que le déploiement d'éléments d'assaut de l'attaque en petite formations, certaines d'entre elles menant l'attaque, d'autres servant de soutien.

La *Stosstrupptaktik* était une innovation qui eut un impact décisif sur les modifications des méthodes de combat de l'armée allemande. L'idée de base était de mener des attaques surprises avec des forces qui étaient organisées en petits groupes qui devaient pénétrer en profondeur dans un *no man's land*, avançant en une seule ligne pour rejoindre les tranchées ennemies, où ils devaient ouvrir des chemins pour les troupes d'infanterie (3). Les forces françaises et britanniques utilisaient des tactiques similaires, mais ils ne sont allés jamais aussi loin que les Allemands. Avec leurs nouvelles tactiques, les Allemands ont prédit ce à quoi ressemblerait le combat dans les guerres futures. (4)

L'architecte de la *Stosstrupptaktik* était le capitaine Willy Martin Ernst Rohr, un officier du *Garde-Schützen-Bataillon*, qui assuma le commandement d'un détachement expérimental appelé *Sturmabteilung Rohr* en septembre 1915. C'était dans cette unité, l'embryon du premier bataillon d'assaut permanent, que les nouvelles tactiques ont été conçues, basées sur les leçons apprises du début de la guerre.

Au départ, la *Stosstrupptaktik* était utilisée uniquement par des troupes de choc (b) et d'assaut (c), des unités qui étaient spécialisées dans les actions offensives (d). Plus tard, elle s'estt répandue à travers l'infanterie, spécialement dans celle déployée sur le front de l'Ouest. En fait, l'infanterie des « divisions d'attaque » qui s'est battue lors de la grande offensive de 1918 n'avait rien à voir avec celle de 1914. À cette époque, les lignes de fusiliers qui étaient armés et équipés uniformément avaient tous disparu. Les hommes de l'infanterie allemande ne combattaient plus en blocs monolithiques commandés par un officier, mais en petites unités, avec leurs propres armes de soutien, qui avançaient de façon dispersée et qui étaient déployés en profondeur. (5)

(a) Tactique d'équipe de choc. Aparemment, le terme *Stosstrupp* fut utilisé pour la première fois en automne 1914. Il fut inventé en Argonne (France) par les unités de lance-flammes, les premières formations spécialisées en actions offensives créées officiellement par l'armée allemande.

(b) Les troupes de choc *(Stosstruppen)* rassemblées ensemble dans des groupes temporaires composés d'un nombre d'hommes variable pour exécuter une mission spécifique.

(c) Les troupes d'assaut *(Sturmtruppen)* étaient organisées en unités permanentes et temporaires. Leur mission principale était de répandre leurs méthodes de combat auprès du reste de l'armée.

(d) Les autres unités spécialisées en actions offensives étaient les détachements de chars, les unités de lance-flammes, et les troupes de montagne.

433

VUE D'ENSEMBLE

Le déclenchement de la Grande Guerre a prouvé l'efficacité des armes modernes. Dès les phases initiales du conflit, la puissance de feu l'emportait sur la manœuvre, forçant les troupes à chercher refuge et transformant la guerre de mouvement des phases initiales en guerre de position. À la fin de 1914, le front de l'Ouest consistait en deux rangées parallèles de tranchées, allant de la mer du Nord à la frontière suisse. La bataille stagnait, et l'impression qu'aucun des ennemis n'arriverait à accomplir une victoire stratégique décisive est devenue apparente.

Lors de la seconde moitié du XIXe siècle, l'art de la guerre a évolué à un rythme plus lent que la technologie militaire. L'invention d'armes, comme les armes à feu à tir rapide sans recul, les fusils à répétitions alimentés par des magasins, et particulièrement la mitrailleuse, aurait dû forcer les principales armées européennes à modifier leur approche tactique de la guerre, particulièrement en considérant que les conflits qui ont éclaté avant la Grande Guerre ont prouvé l'efficacité des armes modernes. Néanmoins, l'infanterie se battait toujours en 1914 de la même façon qu'elle l'avait fait lors de la guerre franco-prussienne de 1870. (1)

Formations d'attaque au début de la guerre

En 1914, la formation en ligne était le mécanisme d'attaque habituel, bien que les formations n'étaient pas aussi denses que celles utilisées au XIXe siècle.

Lors du combat qui eut lieu au début de la guerre, des compagnies d'infanterie attaquaient avec leurs sections organisées en lignes de fusiliers ou en chaînes. La section de pointe formait la ligne de tir, alors que les sections arrières formaient les lignes de soutien. Le poids du combat reposait sur les épaules de la première ligne, qui devait fournir suffisamment de puissance de feu pour permettre à l'infanterie d'avancer vers l'ennemi. (2) Si l'avance était interrompue, cela signifiait que la ligne ne pouvait pas atteindre la supériorité nécessaire, et devait être renforcée. Pour ce faire, l'infanterie de la ligne arrière devait être envoyée à l'avant, se mêlant à la première ligne ou s'étendant sur les deux flancs. Lorsque la résistance ennemie était finalement détruite, on pouvait commencer la dernière phase, qui consistait en une attaque de baïonnettes frontale, qui pouvait avoir le soutien de la cavalerie.

À gauche : Ligne de fusiliers formée par des jeunes conscrits du *Königin Augusta Garde-Grenadier-Regiment Nr. 4*. Ils sont armés du fusil à répétition Gewehr 1888, une arme principalement utilisée pour les camps d'entraînement et les unités de deuxième ligne. (Archives de l'auteur)

Troupes du *Landwehr-Infanterie-Regiment Nr. 78* dans une tranchée, quelque part en Flandres. La photo a probablement été prise dans les environs d'Armentières à la fin de l'été ou au début de l'automne 1916. Notez la housse protectrice en tissu du fusil et le fusil « Model 1898 » du soldat à l'avant-plan. (Archives de l'auteur)

Cette méthode s'est rapidement révélée inadéquate. Les armes modernes donnaient aux hommes en position défensive une supériorité si écrasante que les forces offensives avaient rarement l'occasion de s'approcher des lignes ennemies. En conséquence, à cause des chances de survie en terrain découvert improbables, les soldats des deux côtés cherchaient refuge, au départ dans de simple trous de tirailleurs, et plus tard en utilisant des tranchées de plus en plus complexes. Le résultat fut la guerre de tranchées *(Stellungskrieg)*, une impasse sur les lignes de front qui dura presque quatre ans, jusqu'au printemps 1918, quand de nouvelles techniques de combat ont permis le retour du mouvement sur le champ de bataille.

Les premières leçons

Plusieurs leçons fondamentales ont été apprises des engagements qui eurent lieu au début de la Première Guerre mondiale et qui menèrent à l'évolution des tactiques lors des années suivantes.

La première leçon, et la plus évidente, était le fait que les armes étaient capables de fournir une puissance de feu immense, ce qui prit tous les adversaires par surprise, particulièrement les Français, dont la doctrine offensive (a) s'est effondrée comme un château de cartes. (3)

La deuxième leçon était une conséquence de la première. La puissance de feu écrasante mena à l'idée de réduire la densité des formations d'attaques, les rendant ainsi moins vulnérable à l'action des armes modernes.

À droite : L'apparence du soldat allemand a changé de 1914 à 1918. Au cours des quatre années de guerre, le casque d'acier a remplacé la *Pickelhaube* (casque à pointe), la tunique de 1907 a été remplacée par un nouveau modèle, appelé *Bluse*, et les bottes à l'écuyère ont été remplacées par des bottes basses et des cuissardes en tissu. La photo montre un sous-officier d'une unité d'infanterie en 1914. (Archives de l'auteur)

(a) L'efficacité des armes modernes a surpassé toutes les estimations. La surprise était particulièrement notoire dans le cas de l'armée française, dont les troupes étaient instruites dans la doctrine de l'« offensive à tout prix et à tout moment », les faisant avancer vers les positions ennemies sans un barrage d'artillerie préalable pour contrer les armes ennemies. Pour le commandement français, l'artillerie était un auxiliaire des troupes, alors que les Allemands pensaient le contraire. Leurs doctrines d'avant-guerre ont donné à l'artillerie un rôle qui était plus près de la réalité que celles de leurs ennemis, et ils faisaient avancer leur infanterie seulement après des tirs préparatoires considérables.

Troupes du *2. Masurisches Infanterie-Regiment Nr. 147*. Ce régiment, appartenant à la *37. Infanterie-Division*, a combattu dans la bataille de Tannenberg en 1914. Les soldats utilisent des grenades à manche «Model 1916». Les grenades à main sont devenues les armes de choix des unités d'infanterie, bien qu'elles n'aient été utilisées que par les sapeurs dans les années d'avant-guerre. (Archives de l'auteur)

Augmenter les intervalles entre les soldats n'était pas suffisant (b), mais il était aussi nécessaire d'utiliser des plus petits groupes et de les faire avancer vers l'ennemi en déploiements profonds, et non dans les grandes lignes.

Par ailleurs, les batailles de 1914 ont montré que le lien entre l'infanterie et l'artillerie était nécessaire, permettant à cette dernière de soutenir l'infanterie à tout moment, et non seulement lors des barrages préparatoires (c). Toutefois, l'appui de l'artillerie était insuffisant. Aussi utile que pouvait l'être l'aide de l'artillerie sur le champ de bataille, des points de résistance insoupçonnées demeuraient souvent sur les lignes de front, entravant le progrès des troupes qui avançaient. Il devint donc évident que l'infanterie devait se munir de nouvelles méthodes et de nouvelles armes, pour lui permettre de neutraliser elle-même les obstacles qu'elles pourraient rencontrer.

Le besoin de plus petits groupes d'attaque a réduit la taille des formations de combat de base, et transforma le groupe de combat en équipe de tir de base, un rôle qui était initialement assumé par la section. (4) En revanche, la tâche du bataillon d'infanterie est restée inchangée. Il s'agissait de la plus petite unité tactique en 1914, et quatre ans plus tard il en était toujours ainsi, bien qu'il soit maintenant non plus armé simplement de fusils et de baïonnettes, mais avec un vaste éventail d'armes (individuelles, servies en équipe, avec une trajectoire directe ou en parabole,

(b) Au début de la guerre, la distance entre chaque soldat sur les lignes d'attaque était d'un à trois mètres. L'action des armes modernes a forcé l'intervalle à s'agrandir, atteignant cinq mètres à la fin de 1914, bien que les Français aient gardé la distance à un mètre jusqu'en 1916.

(c) Le tir préparatoire était exécuté par l'artillerie ou tout autre arme de soutien avant une attaque d'infanterie. Il était organisé au préalable, et des tirs précis visaient l'artillerie et le système de défense ennemi, visant à le détruire et/ou à le désorganiser, ainsi que pour soutenir l'avancée des troupes d'attaque.

Sapeurs du *Königlich Bayerisches 4. (Festungs-) Pionier-Ersatz-Bataillon*. Ils portent des casques *Pickelhaube* sans les pointes. Peu après le début de la guerre, les soldats ont remarqué que les pointes étaient bien visibles pour l'ennemi, et plusieurs ont décidé de les enlever de leur casque. Pour régler ce problème, les casques faits après juin 1915 étaient livrés avec une pointe amovible. (Archives de l'auteur)

et avec différentes portées) à leur disposition, leur donnant une puissance de feu qu'ils n'avaient pas au début de la guerre (d). Cela arriva aussi avec les groupes de combat, dont les membres étaient armés différemment, et qui avaient aussi différentes tâches, bien qu'ils aient un but final commun. (5) À la fin de la guerre, l'armée allemande avait des groupes de combat de fusiliers et mitrailleurs, formés d'un petit nombre de soldats (entre six et dix hommes menés par un sous-officier ou un caporal), qui combattaient en profondeur et se soutenaient mutuellement en avançant, utilisant le paysage à leur avantage. (6)

(d) Les unités d'infanterie allemande étaient principalement armées de fusils et de baïonnettes en 1914. C'était au niveau du régiment que des compagnies de mitrailleuses existaient, formées par trois sections, chacune d'entre elles avec deux armes. De nouvelles armes sont arrivées durant la guerre, comme la mitrailleuse légère, le lance-grenades, la grenade à main et la grenade à fusil, le lance-mine léger et le canon d'infanterie.

Troupes de choc

Vers la fin de 1914, aucune armée n'était prête à affronter le défi que représentait la guerre de tranchées. En conséquence, le besoin de développer de nouvelles tactiques, de nouvelles armes, et un nouvel équipement pour surmonter l'obstacle des tranchées est rapidement devenu évident.

Dans cet exercice, les forces d'infanterie sont prêtes à avancer vers les positions ennemies. Les soldats de la première ligne sont les éléments de choc. Le reste est composé des soldats d'infanterie communs. Les troupes de chocs sont équipées de carabines, le reste utilisent des fusils. L'élément de surprise était primordial. En fait, aucune baïonnette n'était fixée avant l'assaut, pour que l'ennemi ne puisse pas les voir de leurs tranchées et ne suspecte pas qu'une attaque allait bientôt avoir lieu. (Bundesarchiv/Bild 183-R52851)

Dans le cas de l'armée allemande, ce procédé était clairement influencé par les troupes de choc et d'assaut, des unités spécialisées dans les actions offensives dont le précédent le plus proche était les sapeurs des bataillons forteresses (e), les seules forces qui s'étaient entraînés en temps de paix pour une guerre de position.

L'émergence des troupes de choc n'était pas planifiée. Leurs origines remontent aux phases initiales du conflit, lorsque certaines unités d'infanterie ont commencé à organiser, de leur propre chef, de petits groupes de soldats pour attaquer les positions ennemies en utilisant des armes et de l'équipement qui était généralement utilisé uniquement par les sapeurs.

Ces petits groupes ont évolué et se sont rapidement répandus, particulièrement à partir de la fin de 1915, quand des cours ont commencé à être organisés pour enseigner de nouvelles méthodes de combat. À partir de ce moment, ils se sont répandus à travers toute l'infanterie avec le soutien du Commandement Suprême de l'armée de terre *(Oberste Heeresleitung*/OHL), et bien qu'ils ne soient jamais devenus part de la structure organisationnelle d'aucune unité, ils ont existé jusqu'à la fin de la guerre. Ils étaient des petites formations tactiques qui étaient créées pour remplir une mission spécifique, puis dissoutes, pour ne pas être recréées jusqu'à ce qu'il ne le soit nécessaire. Ces groupes ont reçu différents noms, en fonction de la nature de leur mission (f), de l'unité qui était responsable de leur formation, ou de l'unité pour laquelle ils combattaient, alors que les hommes qui en faisaient parti étaient appelés les *Stosstruppen* (troupes de choc). (7)

À droite : Un sous-officier d'un bataillon de sapeurs. Il est armé de deux grenades à manche. Celle à droite est une grenade « Model 1916 » alors que l'autre est une « Model 1915 ». (Archives de l'auteur)

(e) Avant la guerre, les Allemands avaient créé des unités spécialisées pour attaquer et défendre des forts et des positions fortifiées. Ces unités spécialement équipées (grenades à main, grenades à fusil, pinces coupantes, boucliers protecteurs, lance-mines, etc.) étaient le bataillon de forteresse de sapeurs (appelé *Festungs-Pionier-Bataillon*), transformé en régiments après le début de la mobilisation (voir page 83).

(f) Par exemple : *Handgranatentrupp* (détachement de grenades à main), *Greifzug* (section d'intervention), *Patrouillenkommando* (détachement de patrouilles), *Jagdkommando* (détachement de chasseurs), *Spähtrupp* (patrouilles d'observation) et *Lauerpatrouille* (patrouille de traque).

Durant la guerre, le groupe de combat est devenu la plus petite unité de tir et de combat. Chaque groupe de combat était composé d'un petit nombre d'hommes avançant en profondeur et en s'offrant un appui mutuel. (Archives de l'auteur)

Troupes d'assaut

Au début de 1915, l'OHL a créé un détachement expérimental pour tester les armes et l'équipement, ainsi que pour développer des tactiques qui ramènerait la guerre de manœuvre *(Bewegunskrieg)* sur le champ de bataille. Ce détachement (à l'origine appelé la *Sturmabteilung Calsow* et plus tard *Sturmabteilung Rohr*) formait la base sur laquelle les bataillons d'assaut *(Sturmbataillonen)* étaient organisés au printemps 1916. Ces bataillons étaient des formations permanentes dont la mission était de répandre leurs méthodes de combat auprès du reste de l'armée. Pour parvenir à ce but, des officiers et des sous-officiers de divisions d'infanterie étaient intégrés dans leurs rangs pour une courte période, pour apprendre les nouvelles tactiques, et étaient renvoyés dans leurs unités pour enseigner ce qu'ils venaient d'apprendre. (8)

À gauche : Troupe de choc d'infanterie lors d'un exercice de tir. À la fin de la guerre, l'équipement de l'infanterie allemande était composé des éléments de base suivants : ceinture, cartouchières, sac à dos, pelle-bêche, baïonnette, masque à gaz, sac à pain, gourde, gamelle, et toiles de tente. La gamelle et les toiles de tente étaient enroulées autour du sac à dos. En l'absence du sac à dos, les toiles de tente étaient enroulées autour de la gamelle et attachées avec deux bandes de cuir, formant le «sac tactique», tel que montré sur la photo. (Bundesarchiv / Bild 183-R36772)

Les *Sturmbataillone* n'étaient pas les seules formations d'assaut de l'armée allemande. Il y avait aussi des groupes de combat, des compagnies, des détachements, et des bataillons qui n'étaient pas officiellement reconnus comme tels et qui ne formaient pas d'unités permanentes, bien qu'ils étaient moins temporaires que les groupes formés par les troupes de choc. L'origine de ces forces remonte au 15 mai 1916, quand le général Falkenhayn, chef de l'OHL à l'époque, ordonna qu'un groupe de militaires de différentes armées suivent un cours à Beuville (une ville française au nord de Longuyon), pour apprendre les tactiques développées par la *Sturmabteilung Rohr*. (9)

Des sapeurs saxons posent avec l'instructeur. Ils sont armés de pistolets, de charges explosives, et de grenades à manche. Une petite pince coupante est aussi visible (avec un sac de tissu), un outil fréquemment utilisé par les troupes de choc et les troupes d'assaut, mais aussi présente dans certaines unités d'infanterie, d'artillerie, et de cavalerie. (Archives de l'auteur)

Un autre groupe de sapeurs du *Königlich Bayerisches 4. (Festungs-) Pionier-Ersatz-Bataillon*. Vers la fin de 1914, cette unité a reçu un entraînement dans l'utilisation du lance-flammes. L'équipement qu'ils utilisent comprend une bêche de taille moyenne, une paire de pinces coupantes utilisées à partir de 1915, et des grenades d'entraînement, (*Übunghandgranate*), facilement reconnaissables par les trous dans la coque d'acier. Notez l'absence de pointes sur les casques *Pickelhaube*. (Archives de l'auteur)

Ce sapeur a un morceau de tissu rouge ou vert cousu aux épaules pour cacher le numéro de son unité. Les cartouchières du « Model 87/88 » étaient une partie intégrante de l'équipement du sapeur, bien qu'elles aient été aussi utilisées par d'autres unités, comme les troupes de transmission ou de chemins de fer. La bêche (dont le manche en bois est visible sur son dos) était une autre pièce spécifique de l'équipement du sapeur. (Archives de Thomas Wictor)

Avec les baïonnettes fixées et les sabres dégainés, l'infanterie allemande part à l'assaut en criant « Hourrah ! » Au début de la guerre, les attaques frontales de l'infanterie de façon linéaire étaient fréquentes, mais se sont rapidement révélées inadéquates. (Archives de l'auteur)

LES TROUPES DE CHOC

Les membres des troupes de choc étaient spécialement sélectionnés, et souvent avec des soldats bien entraînés qui se rejoignaient en groupes temporaires pour effectuer des attaques, des patrouilles, et des missions de reconnaissance, bien qu'ils pouvaient aussi prendre part à des actions plus étendues, comme les escarmouches initiales de la bataille de Verdun ou l'offensive de 1918.

À la fin de la Première Guerre mondiale, les troupes de choc étaient éparpillées à travers toutes les unités d'infanterie. Chaque formation, incluant les unités *Landwehr* et *Landsturm*, organisait des groupes de choc qui demeuraient actifs un certain temps, en fonction du type de mission qu'ils devaient exécuter. Chaque groupe comprenait un nombre variable d'hommes. Les plus petits étaient créés par les sections de compagnies, généralement formés par huit hommes sous le commandement d'un sous-officier ou d'un caporal, et désignés comme groupes de choc *(Stossgruppen)*. (1)

Les groupes de choc appartenant à des sections (un pour chaque section) étaient rarement utilisées séparément. Ils étaient généralement rassemblés ensemble pour former des groupes de choc au niveau de la compagnie *(Stosstrupp* or *Stossgruppe)* qui, en fonction des circonstances, pouvaient être intégrés à la quatrième section de la compagnie (voir page 30) ou faire partie d'un détachement de choc ou d'une section, ou encore d'un bataillon *(Stosstrupp* ou *Stosszüge)*, avec les groupes de combat des autres compagnies. (2)

Les régiments et les divisions organisaient aussi leurs propres groupes de choc. Les premiers utilisaient des formations de choc qui avaient précédemment été rassemblées par les bataillons ou les compagnies pour former des groupes au niveau du régiment ou des détachements *(Stosstrupp* or *Stosszüge)*, alors que les derniers étaient utilisés par les divisions pour former des compagnies de choc *(Stosskompanien)*. (3)

Les groupes de combat de choc ou les détachement des régiments existaient depuis 1916, mais ils ne se sont pas répandus avant l'année suivante. Ces unités étaient généralement formées par un regroupement de groupes de combat au niveau de la compagnie, ou des détachements. Ils pouvaient avoir la force de 300 hommes ou pouvaient aussi être formés par deux ou trois sections, commandées par un sous-officier. (4)

À gauche : Troupes de choc de la *19. Ersatz-Division* près de Sarrebourg (France). Les compagnies de choc (*Stosskompanien*) étaient organisées au niveau de la division, avec des groupes ou des détachements qui avaient précédement été formés par des régiments. (Archives de l'auteur)

Troupe de choc (*Stosstrupp*) de la 11ᵉ compagnie de l'*Infanterie-Regiment Nr. 368* (*213. Infanterie-Division*). Les groupes de choc des compagnies d'infanterie consistaient généralement en huit à dix hommes commandés par un sous-officier. Le nom du sous-officier responsable de ce groupe est probablement Kirschall. Il est au centre de la photo, armé avec un pistolet « Walther 4 ». (Archives de l'auteur)

Les groupes de choc au niveau de la compagnie sont eux-aussi devenus courant en 1917. Un officier de compagnie était chargé de les former, généralement un capitaine, qui sélectionnait personnellement les hommes les plus aptes de ses rangs. À cette époque, chaque compagnie avait 30 à 40 hommes ayant la connaissance des nouvelles méthodes de combat, et certains d'entre eux étaient choisis pour organiser les unités de choc pour remplir une mission spécifique. Les hommes étaient jeunes, braves, souvent célibataires, et décorés de la Croix de Fer, et étaient choisis pour leur expérience ou parce qu'ils avaient suivi un cours d'assaut *(Sturm-Lehrkursus)*, ou été dans une école de combat (*Sturmschule)*, bien qu'ils aient aussi pu avoir reçu des cours au sein de leur propre unité.

À gauche : Un soldat du *6. Thüringisches Infanterie-Regiment Nr. 95*. Des brassards de tissu blanc étaient utilisés pour reconnaître les amis des ennemis dans le noir, lors des assauts nocturnes sur les positions ennemies. Il est armé d'un fusil « Gewehr 88 ». La baïonnette est un modèle « Seitengewehr 71/84. » (Archives de l'auteur)

À droite : La photo montre un soldat d'une formation de choc appartenant à l'unité d'infanterie « Landwehr ». Il tient un fusil « Gewehr 98 » et a deux grenades à manche de type 1917. Il porte une cartouchière « Model 1888 ». Le masque à gaz, du type connu sous le nom de « Gummimaske », consistait en un masque facial fait de tissu caoutchouté attaché à un cylindre en métal, qui contenait les substances chimiques et les filtres nécessaires à la purification de l'air. (Archives de l'auteur)

TROUPES DE CHOC (STOSSTRUPPEN)

Ces troupes sont rassemblées en groupes temporaires composés d'un nombre variable d'hommes pour exécuter une mission spécifique.		
	Selon la nature de la mission (parmi d'autres dénominations)	**Selon l'unité qui organisait le groupe ou l'unité pour laquelle elles se battaient**
Dénominations	Détachement ou groupe de grenadiers *(Handgranatentrupp)*	Groupe de choc de section *(Stossgruppe)*. Chaque section organisait son propre groupe.
	Section d'intervention *(Greifzug)*	Groupe de choc de compagnie (*Stosstrupp* ou *Stossgruppe*). Il était formé en consolidant les groupes de choc que chacune des trois sections d'une compagnie d'infanterie avait précédemment organisé.
	Détachement de patrouille (*Patrouillentrupp* ou *Patrouillenkommando*)	Détachement de choc de bataillon ou de section (*Stosstrupp* ou *Stosszüge*). Il était formé en consolidant les groupes de choc que chacune des quatre compagnies d'un bataillon d'infanterie avait précédemment organisé.
	Détachement de chasseurs *(Jagdkommando)*	Groupe ou détachement de choc de régiment (*Stosstrupp* ou *Stosszüge*). Il était formé en consolidant les sections ou les détachements de choc que chacun des trois bataillons d'un régiment d'infanterie avait précédemment organisé.
	Patrouille d'observation *(Spähtrupp)*	Compagnie de choc de division *(Stosskompanie)*. Elle était formée en consolidant les groupes de combat ou les détachements que chacun des trois régiments d'infanterie avaient précédemment organisé.
	Patrouille de traque *(Lauerpatrouille)*	
	Patrouille d'officiers *(Offizierpatrouille)*	
	Patrouille de reconnaissance *(Streifpatrouille)*	

De nombreux régiments d'infanterie profitèrent des périodes de faible activité pour améliorer le niveau de combat de leurs troupes, en utilisant des officiers et des sous-officiers qui avaient précédemment pris un cours ou qui avaient été fait partie d'un bataillon d'assaut en tant qu'instructeurs. (5)

Les cours d'assaut comprenaient une partie théorique et une partie pratique, et sont apparus en 1915. (6) Ils duraient environ trois semaines, et les élèves apprenaient comment mener des attaques surprises, ils étaient introduits aux tactiques de reconnaissance, et apprenaient à infiltrer les lignes ennemies en passant à travers le barbelé ou avec des passages. Ils apprenaient aussi à effectuer des contre-attaques, la bonne façon de lancer des grenades à main, et comment fabriquer des engins explosifs, comme les charges concentrées *(Geballte Ladungen)* qui étaient utilisées pour détruire des points forts ou pour neutraliser les chars ennemis. Les instructeurs insistaient sur l'élément de surprise, la coopération entre les différentes équipes, et l'utilisation de petites unités, en particulier le groupe de combat, bien que des demi-groupes aient aussi été favorisés (voir page 30). Le rôle des sous-officiers était grandement apprécié, donnant beaucoup d'importance à l'initiative personnelle, ce que les Allemands pensaient être la façon dont une guerre devait être menée, laissant la place à un commandement plus flexible que celui des autres armées. (7)

À gauche : La photo montre un *Feldwebelleutnant* d'une unité de choc. L'on voit à ses pieds une *Geballte Ladung*. La végétation suggère que l'unité fut probablement déployée dans la région des Vosges. (Archives de l'auteur)

Les tactiques utilisées par les *Stosstruppen* se basaient sur l'idée d'effectuer des attaques surprises par des petits groupes qui s'infiltraient en profondeur dans un *no man´s land*. Leur objectif était d'ouvrir des voies que l'infanterie pouvait exploiter. Les méthodes des troupes d'assaut se basaient sur la même idée. En fait, la *Sturmabteilung Rohr* était la seule unité qui établit les bases de cette méthode de combat, appelée *Stosstrupptaktik* (tactique de l'escouade de choc), initialement utilisée par les groupes de choc et d'assaut, et plus tard par l'infanterie ordinaire. (8)

SOLDAT DU GROUPE DE CHOC DU "II. BATAILLON" DE L'"INFANTERIE-REGIMENT GRAF BOSE (1.THÜRINGISCHES) NR.31". BATAILLE D'ARRAS (FRANCE), AVRIL/MAI 1917

En 1917, les divisions allemandes avaient trois régiments d'infanterie qui étaient groupés en une brigade. Les régiments étaient formés de trois bataillons, chacun d'entre eux ayant quatre compagnies régulières et une cinquième compagnie de mitrailleurs. Les bataillons étaient identifiés par des chiffres romains (I à III). Les compagnies étaient numérotées de 1 à 12, alors que les compagnies de mitrailleurs, une pour chaque bataillon, étaient numérotées de 1 à 3.

La compagnie

Une compagnie était commandée par un capitaine (*Hauptmann*). Chaque compagnie (*Kompanie*) était divisée en trois sections. Chaque section (*Zug*) était commandée par un lieutenant (*Oberleutnant*) ou par un sous-lieutenant (*Leutnant*), ou même par un officier délégué (*Offizierstellvertreter*), et était composée de deux demi sections (*Halbzüge*), chacune d'elles divisée en trois ou quatre groupes. Dans le cas d'une division en quatre groupes, la demi section était formée de deux équipes (*Korporalschaften*), chacune avec deux groupes de combat. Une compagnie pouvait être formée par trois sections, six demi sections, douze pelotons, et vingt-quatre groupes de combat. Chaque groupe (*Gruppe*) avait entre huit et dix hommes et était mené par un sous-officier ou un caporal. À la fin de 1917, l'armée allemande avait des groupes de fusiliers et de mitrailleurs.

Durant la guerre, la proportion de fusiliers fut grandement réduite. En 1914, chaque compagnie avait environ 270 hommes, dont 250 étaient des fusiliers. Trois ans plus tard, les compagnies avaient de 200 à 220 hommes, et seulement 80 d'entre eux étaient des fusiliers. Le manque d'effectifs croissant rendit le renforcement des compagnies impossible, pour permettre à certains soldats d'utiliser les nouvelles armes disponibles, ou pour former une partie des unités temporaires ou permanentes qui étaient plus adaptées à la guerre de tranchée. Donc, les troupes en charge des nouvelles armes ainsi que ces nouvelles unités spéciales devaient être prises au sein des fusiliers, une situation encouragée par le fait que le fusil fut relégué au rang d'arme auxiliaire.

Les nouvelles armes qui sont devenues accessibles aux compagnies étaient le lance-grenades et la mitrailleuse légère. Un groupe de quatre hommes était formé autour du lance-grenades (*Granatwerfer*), commandé par un sous-officier ou un caporal. Les groupes de mitrailleurs se battaient aux côtés des fusiliers pour se soutenir mutuellement. À la fin de la guerre, un groupe de mitrailleurs était composé d'un chef, d'un artilleur ou d'un guetteur, d'un chargeur, de deux porteurs de munitions, et de quatre remplaçants.

Toute compagnie pouvait ajouter une quatrième section, généralement pour répondre plus rapidement à une attaque prolongée, ou lorsque nécessaire pour aider au déroulement d'une opération de plus grande ampleur. Cette formation n'a jamais été officiellement reconnue, et était formée en prenant des hommes d'autres sections temporairement. Son rôle était de préserver les forces combattantes de la compagnie, et elle demeurait en réserve au cas ou une partie ou la totalité soit appelée pour exécuter une contre-attaque ou toute autre tâche. Les forces de ces sections comprenaient des tireurs d'élite, des troupes de choc, des groupes de grenadiers, des mitrailleurs, et des équipes de lance-grenades.

L'illustration

Celle-ci représente un soldat d'un groupe de choc appartenant à la troisième compagnie, second bataillon du régiment d'infanterie numéro 31. Le soldat a été assigné à la quatrième section que la compagnie a organisé pour la bataille d'Arras. Il est armé d'une carabine 1898. Le ruban de sa Croix de Fer de 2e classe est cousu à sa tunique. Les grenades à manche pendant à sa ceinture sont des modèles 1917. (Illustration d'Isaac Jadraque)

ORGANISATION DES UNITÉS D'UNE DIVISION D'INFANTERIE EN 1917

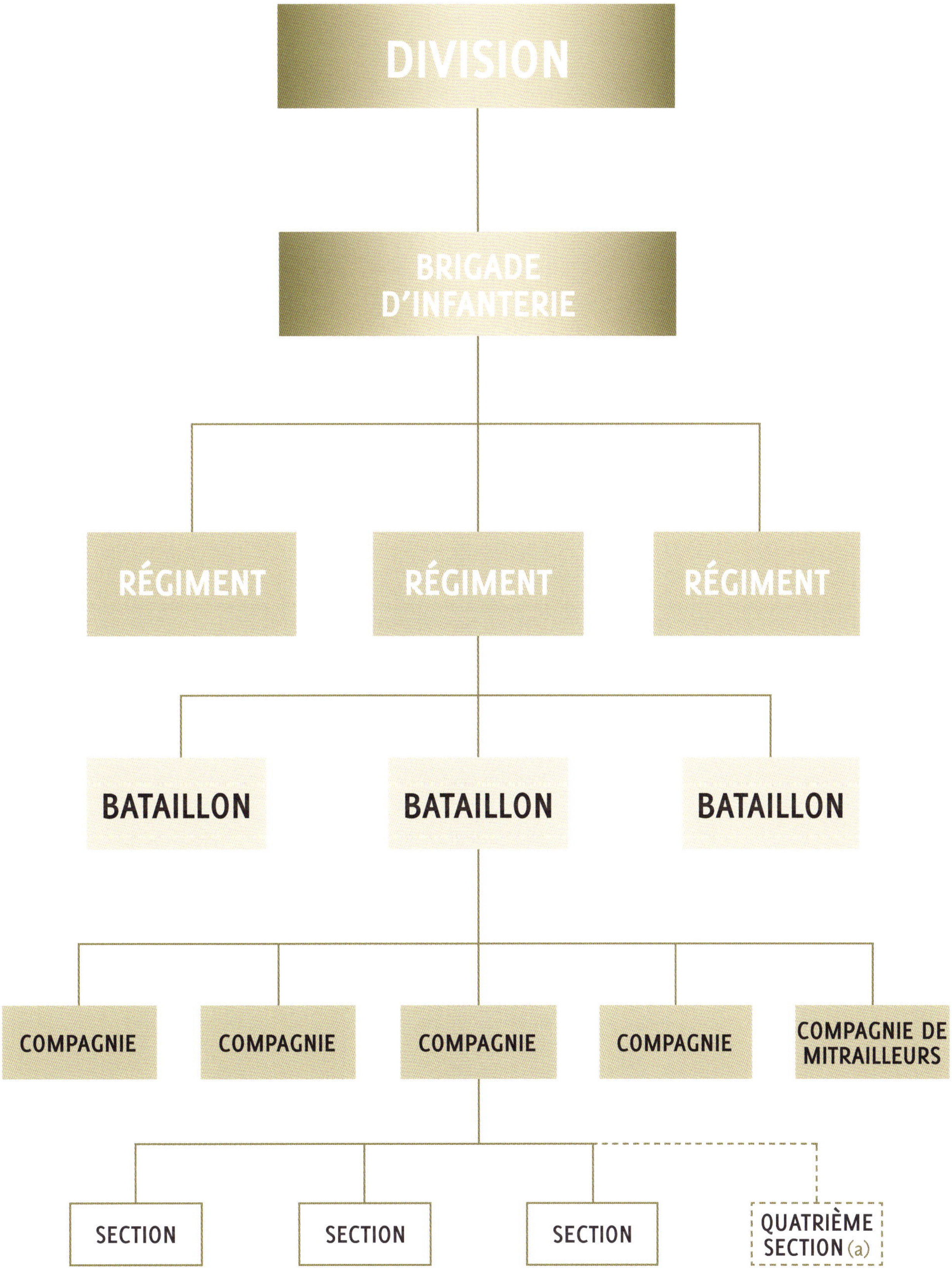

(a) Cette section ne faisait pas partie de la structure organisationnelle de la compagnie, et était seulement formée pour affronter une situation spécifique, pour être ensuite dissoute.

Le déclin de l'importance de la cavalerie au cours de la Première Guerre mondiale a causé la dissolution de plusieurs unités, alors que d'autres se sont transformées en unités de soldats à pied. Au début de l'automne 1915, plusieurs unités de cavaleries ont été transformées en divisions de cavaliers-fusiliers (*Kavallerie-Schützen-Divisionen*). La photo montre un groupe de choc du *Landwehr-Kavallerie-Schützen-Regiment Nr. 92*. Certaines des grenades d'entraînement visibles sur cette photo sont entièrement faites de bois. (Archives de l'auteur)

Russie, avril 1917. Cette photo montre une troupe de choc du *Garde-Kürassier-Regiment*. Tous les casques ont été blanchis. Le sous-officier à l'extrême gauche porte une bande verte autour de son casque, une méthode d'identification lors des missions de reconnaissances. Seul un homme est armé d'un fusil, le reste a préféré opter pour des carabines. (archives de Maurice Sublet)

Sur cette photo, le sous-officier est un médecin, ce qui est visible par les sacs de cuir et la pièce cousue sur la manche gauche de sa tunique (partiellement visible). Notez les renforcements de cuir aux genoux de son pantalon, un vêtement utilisé par les troupes de montagnes qui était aussi utilisé par les unités de choc et d'assaut. Le numéro sur ses pattes d'épaule indique que ce sous-officier appartient à la *Gebirgs-Maschinengewehr-Abteilung Nr. 201*, l'un des onze détachements de mitrailleurs qui faisaient partie de l'*Alpenkorps*. (Archives de l'auteur)

Les compagnies d'infanterie créaient des groupes de grenadiers appelés *Handgranatentrupp*. Ils comprenaient entre six et dix hommes, et pouvaient se regrouper pour former un *Handgranatentrupp* au niveau du bataillon, comme celui sur la photo. Cette dernière montre un *Handgranatentrupp* du *II. Bataillon* de l'*Infanterie-Regiment Nr. 363*. (Archives de l'auteur)

Les troupes d'assaut et de choc ne portaient que rarement des cartouchières. Les munitions pour les fusils ou les carabines se conservaient dans les poches de la tunique, dans le sac à pain, ou, comme c'est le cas sur cette photo, dans un *Patronentragegurt*, une pièce d'équipement qui existait avant la guerre. Le soldat à l'extrême gauche à l'avant-plan a une baïonnette DEMAG, modèle 1915. (Archives de l'auteur)

Le groupe ou détachement de choc d'un régiment. Les régiments organisaient leurs *Stosstruppen* ou *Stosszügen* en utilisant des unités de choc au niveau d'une compagnie ou d'un bataillon. (Archives de l'auteur)

Ernst Jünger et le lieutenant von Kienitz (debout au centre) posant avec les membres de leur propre unité de choc. Remarquez les brassards blancs. (Archives Jünger-Haus, Wilflingen)

Cette photo montre deux soldats du *Württembergisches Landwehr-Infanterie-Regiment Nr.122* déployés au nord-ouest de Verdun. Le soldat à l'avant-plan est armé d'un fusil « Mauser » 1898 avec un chargeur appelé *Ansteckmagazine* ou *Grabenmagazine*. (Archives de l'auteur)

LES TROUPES D'ASSAUT

Les unités d'assaut étaient l'élite de l'armée allemande, en particulier les bataillons d'assaut permanents formés au début de l'été 1916. L'origine de ces unités remonte à l'année précédante, quand l'OHL décida d'organiser trois détachements expérimentaux pour évaluer les techniques de la guerre de tranchées.

Au début de 1915, le Commandement Suprême de l'armée, sous les conseils du colonel d'artillerie Max Bauer, créa trois détachements formés de sapeurs, avec la mission de développer des procédés tactiques qui convenaient à la guerre de tranchées. Deux d'entre eux furent envoyés sur le front, l'un armé de lance-mines, et l'autre de lance-flammes. Le troisième était un détachement d'assaut, initialement non-opérationnel, organisé en mars avec le but d'évaluer différents équipements, en particulier une nouveau canon conçu par *Krupp*. Le chef de l'unité de lance-mines (qui s'appelait le *Minenwerfer-Bataillon I* (1) selon certains auteurs) était le commandant Lothes. Le détachement de lances-flammes, équipé de douze engins, a été créé le 18 janvier et fut appelé *Flammenwerfer-Abteilung Reddmann.* (2)

Sturmabteilung Calsow

Le nouveau canon de *Krupp*, connu sous le nom de *Sturmbegleitkanone*, ou *Sturmkanone* (canon d'assaut), était une pièce de 3,7 cm conçue pour éliminer tout obstacle obstruant l'avancée de l'infanterie, spécialement les équipes de mitrailleurs qui continuaient de décimer les troupes qui avançaient, malgré tous les efforts faits pour les neutraliser. Une équipe spécialisée était nécessaire pour servir le canon. Donc, le 2 mars 1915, l'OHL ordonna au commandant par intérim de la circonscription du *stellvertr. Gen.Kdo.VIII.A.K.* d'organiser une *Sturmabteilung* (détachement d'assaut) chargée d'évaluer l'arme. L'unité allait être composée d'un quartier général de commandement, de deux compagnies de sapeurs, et d'un groupe de canons opérés par 21 officiers et 628 hommes, dont des sous-officiers, des caporaux, et des simples soldats. L'unité, avec la force de 20 canons et renforcée d'un élément motorisé, commença à se regrouper, sur le champ de tir de Wahn, près de Cologne, le terrain d'essai le plus important pour l'artillerie de l'armée allemande. Le commandant *(Major)* Calsow, un officier d'une unité de sapeurs du *Pionier-Bataillon Nr. 18* (Pi.Btl.18) (3) fut sélectionné pour en être le commandant en chef.

À gauche : Des membres d'un groupe d'assaut lors d'un exercice avec des grenades fumigènes. Cette photo a probablement été prise avant la grande offensive allemande de 1918. (Archives de l'auteur)

La *Sturmbegleitkanone*, aussi connue comme le *Sturmkanone* (canon d'assaut), était une petite pièce d'artillerie conçue pour éliminer les obstacles qui pouvaient nuire à l'avancée des troupes à travers un *no man's land*. (Archives de l'auteur)

Le détachement désigné comme *Sturmabteilung Calsow* avait aussi la tâche de tester trois boucliers, un grand ainsi que deux petits, tous trois faits d'acier et utilisés par les soldats pour se protéger du feu ennemi. Le grand bouclier *(Sturmschild)* faisait 1,40 mètres et pesait 28 kilogrammes. L'un des petits boucliers était le *Schutzschild*, aussi appelé le bouclier d'infanterie *(Infanterieschild)*, qui pesait 15 kilogrammes et mesurait 40 x 60 cm, alors que le plus petit bouclier pesait 3 kilogrammes et était utilisé en même temps que le grand bouclier pour protéger la tête. Bien que cet équipement soit nouveau, les boucliers faisaient déjà partie de l'arsenal lorsque la mobilisation a commencé. En fait, ils avaient déjà été utilisés lors de plusieurs opérations, le prince Oscar de Prusse (*Oskar, Prinz von Preußen*) en avait même décrit la méthode d'utilisation dans un petit carnet, bien que cette méthode ait fait référence au bouclier de mitrailleuse. Le prince décrit comment les soldats devaient assaillir les tranchées ennemies en avançant par groupes de trois, formant une figure rappelant une feuille de trèfle. Le soldat à l'avant était le plus costaud du groupe, et portait une petite hache *(Beilpike)*, ainsi que deux boucliers attachés ensemble. Un autre soldat portait les grenades à main, et le troisième était armé d'une baïonnette. (4)

L'unité du Commandant Calsow était chargée de développer des méthodes de combat qui permettraient aux troupes de se rendre jusqu'aux tranchées ennemies. Avec cet objectif en tête, il imagina une tactique qui alliait l'utilisation du *Sturmkanone* à un groupe de sapeurs menant le chemin, alors que le reste de l'unité restait derrière et attendait le bon moment pour frapper. Cette tactique avait quatre phases : le départ de la position initiale, l'avancée à travers le *no man's land*, l'assaut de la première ligne de tranchées, et la progression de l'attaque pour s'emparer de la ligne ennemi suivante. Pendant ce temps, les canons agissaient eux aussi par phases, et la première consistait en la neutralisation des obstacles qui pourraient nuire à l'avancée. Ensuite, ils étaient transportés à travers le *no man's land* et, après avoir atteint une distance des lignes ennemies de 50 à 70 mètres, ils tiraient sur l'artillerie et les mitrailleuses ennemies. La dernière phase fournissait le soutien de la première vague d'assaut au moment précis où elle atteignait les tranchées ennemies. Une fois la résistance terminée, le reste des sapeurs utilisaient les grenades à main comme arme principale. (5)

À droite : Au début de 1915, le commandant Lothes (à gauche) fut sélectionné pour commander l'unité expérimentale créée pour tester les lance-mines. (Archives de l'auteur)

À gauche : Le bouclier d'infanterie « Model 1915 » consistait en une planche d'acier avec les rebords extérieurs incurvés. Il avait une petite fenêtre pour permettre à l'utilisateur de tirer avec une arme à feu. Il mesurait 60 x 40 cm et pesait de 13,5 à 15 kilos. Cette pièce était principalement utilisée pour la défense des tranchées. (Collection de la Fondation Don Rodrigo)

Les premiers essais de cette tactique ont montré que les armes individuelles les plus utiles pour s'infiltrer dans les lignes ennemies étaient les fusils et les grenades à main. Au contraire, les boucliers se sont montrés plus contraignants qu'efficaces et furent critiqués par les troupes, alors que les canons n'étaient pas assez puissants pour contrer l'action de l'artillerie adverse. (6)

Après les deux mois d'entraînement, la *Sturmabteilung* fut envoyée au front, où les deux compagnies de sapeurs travaillèrent au départ à la construction d'abris et à drainer les tranchées, une mission pour laquelle ils n'avaient pas été formés. Au début du mois de juin, quand l'armée française commença sa seconde grande offensive en Artois, l'unité fut engagée au combat, et perdit six canons (certaines sources disent treize) et un grand nombre d'hommes (environ la moitié de sa force). (7)

Les premières expériences de combat du détachement ne répondirent pas aux attentes qu'on avait de la *Sturmabteilung*. Le 14 juin, Calsow envoya un rapport mettant la cause de l'échec sur le fait que les canons furent forcés de combattre séparément, dans des endroits trop éloignés de l'ennemi, alors qu'ils s'étaient entraînés à se battre beaucoup plus près des lignes ennemies, et de pair avec le reste de l'unité.

L'opération mit en évidence les faiblesses des canons sur le champ de bataille. Ils n'étaient pas seulement trop peu puissants, ils se sont aussi révélés très vulnérable, et leur présence sur le champ de bataille ne faisait qu'aider à attirer le feu de l'artillerie ennemie. (8)

Les supérieurs du *Major* Calsow pensaient qu'il avait échoué à utiliser le potentiel de l'unité à son avantage. Il fut renvoyé en juin, et, en septembre, un nouveau commandant fut nommé à sa place, le capitaine *(Hauptmann)* Willy Martin Ernst Rohr, qui développa une nouvelle tactique pour attaquer les positions ennemies. Avec sa nomination, l'unité devint connue sous le nom de *Sturmabteilung Rohr*, bien qu'elle fut aussi appelée *Sturmabteilung 35*, puisque les deux compagnies qui formaient l'unité provenaient de l'*Ersatz-Battalion du Pionier-Regiment Nr.35* (E.Btl./Pi.R.35). (9)

Sturmabteilung Rohr

Au début de la guerre, le capitaine Rohr commandait une section du *Garde-Schützen-Bataillon*, qui s'est battu en Champagne entre septembre 1914 et mars 1915. L'unité fut ensuite transférée dans les environs de la ville de Wattwiller, en Alsace, où elle repoussa une attaque ennemie qui eut lieu près de Metzeral.

En août, on ordonna à Rohr de se rendre au sud de l'Allemagne, pour mener le détachement d'assaut qui avait essuyé des pertes l'été précédant. Le 12 septembre, il arriva au sein de l'unité, qui était stationnée dans plusieurs petites villes des plaines du pays de Baden (10), près de la butte volcanique de Kaiserstuhl. Rohr arriva à son nouveau poste avec des idées innovantes sur les façon de faire de l'infanterie. Il pensait qu'il n'était pas logique d'attaquer l'ennemi de face avec une multitude de soldats si l'action pouvait être menée de flanc en utilisant de plus petites formations. Ce raisonnement était le résultat de ses expériences du combat en Champagne avec son commandant de bataillon von Hadeln, et il voulut s'entraîner avec le détachement pour transformer ce dernier en une unité d'élite qui serait la base des futurs bataillons d'assaut permanents. (11)

La *Sturmabteilung*, maintenant affectée à l'*Armee-Abteilung Gaede*, était composée d'une compagnie de véhicules motorisés, et de deux compagnies de sapeurs soutenues par des canons, mais Rohr la renforça avec une section de mitrailleurs, une section de lance-flammes, et une section de lance-mines. La section de mitrailleurs (équipée de deux armes, puis de six) est arrivée le 8 octobre, alors que la section de lance-flammes (avec six petites armes) et les lance-mines (avec quatre pièces légères) sont arrivées un peu plus tard. Ces nouvelles sections furent utilisées par Rohr en plus du reste de l'unité pour développer une nouvelle tactique pour la guerre de tranchées. Bien

Une illustration représentant un groupe d'assaut s'infiltrant dans les lignes ennemies. Les méthodes de combat utilisées par les troupes de choc et d'assaut étaient répandues à la fin de la guerre. (Archives de l'auteur).

qu'aucune d'entre elles n'aient appartenu au détachement originalement, elles ont ouvert la porte à une vision innovatrice du bataillon (avec ses propres armes de soutien), un concept qui s'étendit à l'infanterie de base, et qui permit de mettre fin à un modèle d'organisation tactique (où tout le monde était armé et équipé de façon égale) qui existait dans l'infanterie depuis l'introduction de la baïonnette au XVIIe siècle. (12)

Le 23 novembre, les *Sturmkanonen* furent remplacés par les canons russes *Putilov* 7.62, qui n'ont pas non plus réussi à impressionner. L'unité dans son ensemble était prête à passer à l'action le mois précédent, chacune des compagnies de sapeurs ayant combattu séparément dans les Vosges; en premier la seconde compagnie *(2./St.Abt.Rohr)* le 12 octobre, et la première compagnie *(1./St.Abt.Rohr)* le 15 octobre. Les forces du capitaine Rohr ont coopéré avec des unités d'infanterie (régiments *Nr. 188* et *Nr. 189*), des unités *Landwehr* (régiment *Nr. 56*), et des chasseurs *(Reserve-Jäger-Bataillon Nr. 8)* lors de plusieurs attaques qui eurent lieu entre la fin de décembre et le début de février. Lors d'une de ces actions, qui eut lieu le 22 décembre, la *Sturmabteilung* fut utilisée en tant qu'unité complète durant un opération pour récupérer le sommet du versant nord de l'éperon rocheux de l'Hartmannsweillerkopf. (13)

À droite: Des patrouilleurs du *Reserve-Jäger-Bataillon Nr. 8*, qui a combattu dans les Vosges aux côtés des forces du capitaine Rohr. (Archives de l'auteur)

LE CASQUE D'ACIER ("STAHLHELM") MODÈLE 1916

La guerre de tranchées entraîna une augmentation des blessures à la tête auparavant inconnues, forçant les armées à fournir aux soldats une protection adéquate. Les Français et les Britanniques avaient déjà distribué leurs premiers casques relativement efficaces au cours de l'automne 1915. Les Allemands ont dû attendre jusqu'au début 1916, quand les troupes se battant à Verdun ont reçu les premiers exemplaires. Ce casque robuste fut le résultat de la coopération entre le docteur August Bier et le professeur Friedrich Schwerd. Il fut fabriqué en utilisant un alliage d'acier, de nickel et de chrome, et avait l'avantage de protéger non seulement la tête, mais aussi la nuque. (Collection Overlord 1944)

À droite : La photo montre le capitaine Rohr à Beuveille, une petite ville au nord de la France, près de Longuyon ; où le détachement était stationné à la mi-mars 1916. (Archives de Marcus Massing)

Le haut commandement décida de répandre les méthodes de combat du détachement. Le 15 décembre, l'unité organisa un cours d'entraînement de six jours, qui fut suivi par environ 400 hommes de la *12. Landwehr-Division*. Pour expliquer les nouvelles tactiques, l'opération du 12 octobre a servi d'exemple ; elle avait été planifiée et étudiée avec l'infanterie, et avait été préalablement répétée dans un camp d'entraînement qui reproduisait exactement l'environnement de l'endroit où l'attaque allait avoir lieu. (14)

Après avoir occupé les positions de départ bien avant l'assaut, la *2./St.Abt.Rohr* a lancé une attaque contre une tranchée française située sur le mont Schratzmännele le soir du 12 octobre. Pour atteindre son but, la compagnie fut divisée en six groupes d'assaut, avançant dans le *no man´s land* avec l'appui de canons, de mitrailleuses, de lance-flammes, et de lance-mines. L'objectif de ces groupes, qui étaient précédés de lance-flammes, était d'occuper la tranchée et d'ouvrir la voie pour l'infanterie, qui était elle aussi divisée en groupes qui avançaient en profondeur. Avant l'avancée des troupes d'infanterie, la seconde compagnie de sapeurs consolidait l'occupation de la tranchée en plaçant une mitrailleuse et en bloquant l'accès au système principal des tranchées avec des sacs de sable. Finalement, l'infanterie arrivait pour les remplacer et pour continuer de défendre les gains récents des contre-attaques ennemies. Cette méthode était la base de ce qui allait rapidement être nommé la *Stosstrupptaktik* (15), une nouvelle méthode de combat qui allait être répandue partout à la fin de la guerre (voir page 64).

Le détachement continua la mission pour laquelle la *Sturmabteilung Calsow* avait été formée, tester plusieurs types de *Minenwerfer* (en particulier le type « Lanz ») et le canon *Putilov*, de même que diverses pièces d'équipement de terrain et d'uniformes, incluant la version expérimentale du premier modèle de casque d'acier *(Stahlhelm Model 1916)*, de même qu'un plastron lourd et encombrant (appelé *Sappenpanzer, Grabenpanzer,* ou *Infanteriepanzer*), qui offrait un peu de protection au coût d'une mobilité réduite. L'unité essaya aussi un nouveau bouclier frontal *(Stirnschild)*, et continua de tester les boucliers individuels, arrivant à la conclusion qu'ils n'étaient utiles que lorsque le feu ennemi arrivait des flancs, ou lorsque les troupes impliquées dans un assaut traversaient le *no man´s land* en une seule poussée. Ils ont fait un rapport négatif du plastron d'acier et du bouclier frontal. Seul le *Stahlhelm* fut grandement apprécié, ce qui résulta en une distribution du casque dans certaines des troupes allemandes qui prirent part à l'offensive qui marqua le début de la bataille de Verdun.

LE BOUCLIER FRONTAL POUR LE CASQUE D'ACIER ("STIRNSCHILD")

Le bouclier frontal devait être distribué à environ 5% des troupes. Toutefois, le manque de matières premières, en particulier le nickel, rendit la tâche impossible. Cinquante mille unités ont été fabriquées et distribuées, avec les cuirasses, aux troupes de mitrailleurs (*Maschinengewehr-truppen*), de sentinelles, et de snipers.

La plaque était fixée aux deux boulons du casque d'acier, et maintenue en place par une lanière de cuir qui s'ajustait à l'arrière du casque à l'aide d'une boucle. Il pesait environ deux ou trois kilos, et avait une épaisseur de cinq à six millimètres. Il déviait une balle de fusil tirée d'une distance approximative de 50 mètres. (Collection Overlord 1944)

Le canon « Putilov » était un canon de calibre 7.62 pris à l'armée russe et modifié sous l'appellation « L/16,5 Krupp ». Le soldat à l'extrême-droite de la photo porte une insigne sur la manche gauche de sa tunique avec la lettre « S », ce qui indique qu'il appartient à une unité de choc. (Archives de l'auteur)

Plus tard, l'utilisation du bouclier frontal et du plastron fut réservée aux snipers, aux mitrailleurs, et aux sentinelles, alors que les boucliers étaient utilisés comme défenses de tranchées. (16)

Lors des répétitions de la nouvelle tactique, la *Sturmabteilung* confirma aussi l'efficacité de la grenade et de la carabine *Mauser* 1898, qui était portée en bandoulière, ce qui laissait les mains libres pour lancer des grenades ou se servir des pinces coupantes. Il vaut la peine de mentionner que le détachement contribua grandement aux changements d'apparence du soldat allemand en général, et à ceux des troupes de choc en particulier. En fait, les membres de cette unité n'étaient pas seulement les premiers à utiliser le casque d'acier (l'un des traits les plus distinctifs du soldat allemand), mais aussi les premiers à remplacer les bottes à l'écuyère par des bottes courtes et des bandes molletières en tissu roulées autour des mollets. Ils ont aussi inauguré l'utilisation des pantalons et tuniques avec des renforts de cuir et ont commencé à utiliser de grands sacs portés sur les côtés pour stocker des grenades à manche, un élément distinctif de l'équipement des troupes de choc et d'assaut. (17)

Au début de février 1916, la *Sturmabteilung Rohr* fut envoyée sur la côte de Meuse, attendant les ordres de la 5e Armée pour prendre part à la bataille de Verdun, dans laquelle des troupes de choc soutenues par des sapeurs, des lance-flammes, et des mitrailleurs furent aussi utilisés.

Le 21 février, le premier jour de la bataille, des troupes de choc et d'assaut ont mené une attaque contre les positions françaises. Des unités d'infanterie suivirent immédiatement, déployées en profondeur. Les commandants de la 5e Armée avaient ordonné aux bataillons et aux compagnies de sélectionner les hommes les plus aptes pour organiser des unités de choc pour les opérations à venir. Chacune des nouvelles unités était composée d'une vingtaine d'hommes, tous armés de fusils et de grenades à main. (18)

À gauche. La *Sturmabteilung Rohr* a fait des essais avec le bouclier d'infanterie et a conclu qu'il n'était utile que dans quelques cas. La photo montre un groupe de soldats protégés par des boucliers lors d'une simulation d'attaque. (Archives de l'auteur)

Entre le 21 et le 24 février, la *Sturmabteilung*, intégrée à la *6. Infanterie-Division*, et plus tard choisie comme renforcement des régiments d'infanterie *Nr. 24* et *Nr. 64*, ont fait partie des attaques menées contre les lignes ennemies situées au nord-est de Verdun, dans le secteur d'Herbebois. Puis, ils ont participé dans la prise de la tranchée *Kugelgraben*, au nord-est de la forêt de Caillette, ainsi qu'aux actions contre les forteresses de Douaumont et Hardaumont. (19)

Le 13 mars, plusieurs mois avant la fin de l'effusion de sang de Verdun, l'unité fut transférée à Beuveille, une petite ville au nord de la France, où elle resterait pour les deux années et demi suivantes. Un grand champ d'entraînement fut implanté près de la ville voisine de Doncourt, qui fut largement utilisé pour les répétitions. En fait, l'OHL décida de transformer la *Sturmabteilung* en une unité d'instruction, chargée de répandre les tactiques qu'elle avait développées au plus grand nombre de troupes possibles. Toutefois, elle resterait toujours une unité opérationnelle. Elle participa à non moins de soixante-dix actions jusqu'à la fin de 1916. (20)

À la mi-mai, le général von Falkenhayn ordonna aux officiers et sous-officiers de plusieurs armées de suivre un cours à Beuveille, pour apprendre la nouvelle tactique et la répandre parmi leurs propres troupes. Un peu avant, le premier avril, le détachement était devenu le *Sturmbataillon Rohr (St.Btl.Rohr)*, le premier bataillon d'assaut permanent de l'armée allemande.

Sturmbataillon Rohr

Cette unité était unique en son genre jusqu'en juillet 1916, ce qui explique pourquoi elle était aussi appelée

Été 1917. Le capitaine Rohr (au centre) et les membres de l'état-major de son unité posent ensemble avec les stagiaires au camp d'entraînement situé dans les faubourgs de Doncourt, près de Beuveille. (archives de Maurice Sublet)

Le 1er avril 1916, le détachement commandé par le capitaine Rohr fut transformé en bataillon appelé *Sturmbataillon Rohr*, un nom qui changea deux fois au cours de la guerre. Cette photo montre trois sapeurs du 1er bataillon armés de grenades à manche et de carabines « Mauser » 1898 (Archives de Thomas Wictor)

à l'origine *Sturmbataillon Westen* (Bataillon d'Assaut de l'Ouest). Plus tard, lorsque d'autres bataillons permanents furent créés, celui-ci fut renommé le *Sturmbataillon Nr. 5,* et à partir de février 1917, le *Sturmbataillon Nr. 5 (Rohr),* nom qu'il conserva jusqu'à la fin de la guerre. Pendant ce temps, le capitaine Rohr, qui était resté le chef du bataillon jusqu'alors, fut promu commandant le 18 avril 1918. (21)

Le *Sturmbataillon Rohr* était à l'origine composé de 1 200 hommes, d'un état-major, de quatre compagnies d'assaut, d'une compagnies de véhicules moteurs, d'une compagnie de lance-mines, d'un détachement de mitrailleurs, d'un groupe de lance-flammes, et d'une batterie d'obusiers de 10,5 cm howitzer *(Gebirgshaubitze L/12).* Plus tard, une seconde compagnie de mitrailleurs fut ajoutée, le détachement de lance-mines fut transformé en une compagnie, et la compagnie de véhicules est devenue la cinquième compagnie d'assaut.

Au même moment, les obusiers de terrain furent remplacés par des canons de 7,7 cm, la batterie d'infanterie *Nr. 28 (I.Gesch.Batt.28)* fut assignée à l'unité en novembre 1917 comme unité d'entraînement, et chaque compagnie d'assaut reçut quatre mitrailleuses légères *MG.08/15.* (22)

Les membres du *Sturmbataillon* étaient principalement des volontaires de 19 à 25 ans, avec une majorité d'hommes de 21 ans. Ils étaient recrutés à partir des unités suivantes : des compagnies de sapeurs du bataillon *Ersatz* (de remplacement) du Régiment de sapeurs *Nr. 35 (E.Btl./Pi.R.35),* des compagnies de mitrailleurs du Détachement de mitrailleurs *Ersatz* du VIIIe Corps d'Armée *(M.G.E.Trupp/VIII. AK.),* du détachement de lance-mines du Régiment de lance-mines *Ersatz* situé à Markendorf *(M.W.E.R. Markendorf),* et finalement du Bataillon d'artillerie *Ersatz* des groupes d'artillerie de montagne *Nr. 5* et *Nr. 6 (E.Abt./Geb.Art.Abt. 5, 6).* (23)

CARTES POSTALES DU "STURMBATAILLON NR. 5 (ROHR)"

Le caporal A. Behrend fut l'auteur d'une série de douze cartes postales qui montraient divers aspects du *Sturmbataillon Nr. 5 (Rohr)* et de ses unités de façon humoristique. Les cartes postales ont été imprimées en 1917 et les soldats pouvaient les acheter au foyer du bataillon.

L'assaut. (Archives de l'auteur)

La compagnie de mitrailleurs. (Archives de l'auteur)

La batterie d'obusiers. (Archives de l'auteur)

La compagnie de lance-mines (mortiers) du bataillon. (Archives de l'auteur)

Un sapeur de la 5e Compagnie d'assaut du *Sturmbataillon Nr. 5 (Rohr)* avec une carabine sur le dos. (Archives de Maurice Sublet)

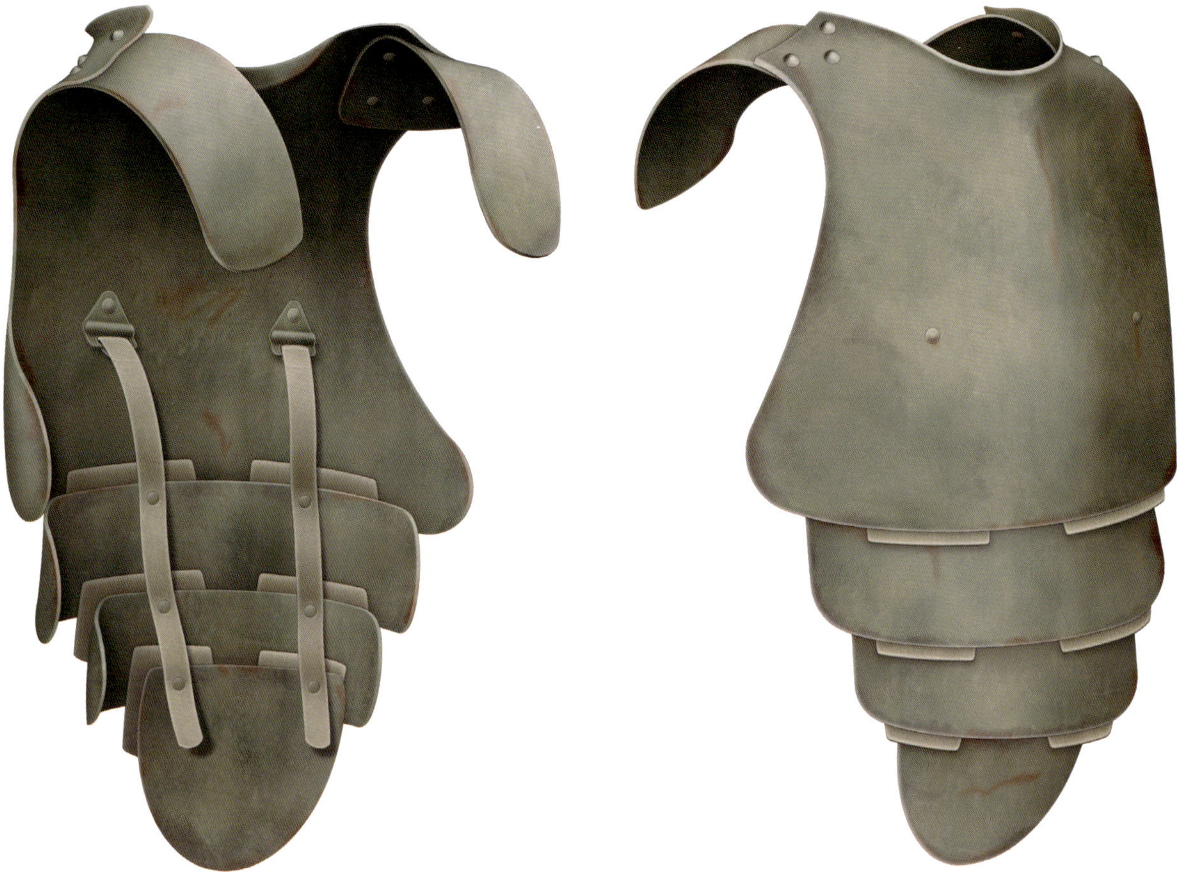

L'armure *Sappenpanzer*, *Grabenpanzer*, ou *Infanteriepanzer* fut utilisée pour la première fois sur le front de l'Ouest en mai 1917. Elle était faite d'acier, et faisait trois millimètres d'épaisseur. Elle consistait en un plastron fixé aux épaules, ainsi que de trois plaques qui protégeaient le torse et l'aine. Elle était fabriquée en deux tailles, et pesait entre neuf et onze kilos selon la taille. Elle protégeait celui qui la portait des éclats d'obus et des balles venant de loin, mais elle n'était pas efficace contre les balles perforantes. Une nouvelle version est apparue en 1918, avec des crochets ajoutés pour accrocher les effets personnels, ainsi qu'une petite plaque pour poser la crosse du fusil sur l'épaule droite. Environ 500 000 unités ont été fabriquées durant la guerre. (Illustration de Carlos de Diego)

Unités d'assaut non-officielles

L'ordre donné par Falkenhayn le 15 mai 1916 (voir page 19), visait les 2e, 3e, 4e, 6e, et 7e armée et l'*Armee-Abteilung Strantz*. Chacune de ces unités devait sélectionner deux officiers expérimentés et quatre sous-officiers, et les envoyer à Beuveille pour suivre un cours de deux semaines sur l'utilisation des nouvelles tactiques. Une fois le cours complété, les hommes devaient retourner dans leur unité pour enseigner la *Stosstrupptaktik*. (24)

Falkenhayn espérait que le nombre d'hommes assistant aux cours augmenterait graduellement, pour permettre à toutes les divisions d'avoir leur propre formation d'assaut. En théorie, ils devaient former leur propre détachement *(Sturmabteilung)*, mais en réalité chacun d'entre eux forma un type particulier de formation, entre autres à cause du nombre variable d'hommes et d'équipement disponible pour les divisions. En plus des formations de détachements, plusieurs sections, *(Sturmtrupps)*, compagnies (*Sturmkompanien* ou *Stuko*), et bataillons *(Sturmbataillonen)* ont été créés, restant sous le commandement de divisions (incluant celles des *Marinekorps Flandern* et des unités de cavalerie qui avaient été transformées en unités de fusiliers), et plus rarement sous le commandement d'armées ou de corps d'armée.

La plupart de ces unités ont été formées lors du printemps-été 1916, et durant l'année qui suivit, en rassemblant des troupes de choc (dans le cas des *Sturmkompanien*) ainsi qu'en utilisant des forces prises aux compagnies d'infanterie. Bien qu'aucune d'entre elles n'aient été permanentes, elles n'étaient pas aussi temporaires que les *Stosstruppen*, même si aucune n'était officiellement sanctionnée, ni ne faisait partie d'aucune structure organisationnelle. Elles étaient des unités ad-hoc qui étaient assemblées et qui combattait lorsqu'appelées. Entre-temps, elles étaient dissoutes, ou restaient à l'arrière pour entraîner d'autres unités d'infanterie. (25)

À droite : Cet officier subalterne porte une armure, un artefact médiéval que la guerre de tranchées a ramené sur les champs de bataille en Europe. Notons le soin apporté à la tranchée avec le petit pot de fleurs... (Archives de l'auteur)

Cette photo montre un groupe de choc appartenant à une *Sturmabteilung*. Les premiers détachements d'assaut ont été créés au printemps 1916. Les deux soldats à l'avant-plan viennent d'être décorés de la Croix de Fer 2e classe. (Archives de l'auteur)

Jäger- (Sturm-) Bataillon Nr. 3

Au début de juin 1916, le Commandement Suprême de l'armée décida de former de nouveaux bataillons d'assaut. Les bataillons de chasseurs *Nr. 3* et *Nr. 11 (Jäg.Btl.3,11)*, ainsi que les bataillons de chasseurs de réserve *Nr. 5 et Nr. 6 (R.Jäg.Btl.5, 6)* étaient sous le commandement de l'OHL, alors que trois officiers et douze sous-officiers de chaque unités furent envoyés à Beuveille pour suivre un cours avec le *St.Btl.Rohr*. Durant l'absence des officiers, les troupes sont restées à l'arrière de la zone d'opérations de leurs armées, où elles ont aussi appris les principes des nouvelles tactiques. (26)

L'idée était de transformer ces troupes en bataillons d'assaut composés d'un état-major, de quatre compagnies de chasseurs/patrouilleurs, d'une compagnie de mitrailleurs, d'une compagnie de lances-mines, d'une batterie de canons d'infanterie, et d'une section de lance-flammes. Toutefois, l'offensive du général russe Alexei Brusilov, tout comme l'entrée en guerre de la Roumanie, ont empêché cette idée de se réaliser.

La seule unité vraiment transformée en bataillon d'assaut et reconnue comme telle était le *Jäg.Btl.3* (le 8 juillet 1916), connu comme le *Jäger- (Sturm-) Bataillon Nr. 3* ou *Jäg.(St.) Btl.*, et assigné à la seconde Armée sur le front de l'Ouest. Le reste des bataillons furent assignés au *Karpathenkorps* (a) et transférés aux Carpathes pour affronter la grande offensive russe. (27)

À droite : La photo montre un membre du *Sturmbataillon Rohr* à Verdun (quoique certaines sources affirment qu'il s'agit d'un chasseur du *Jäger- (Sturm-) Bataillon Nr. 3*), et illustre l'apparence typique du soldat d'assaut. Les trois éléments les plus importants de l'équipement étaient le casque d'acier, la carabine, et le sac de tissu pour contenir les grenades à main. (Bundesarchiv/Bild 183-R05148)

(a) Les *Karpathenkorps* étaient une unité de montagnes qui regroupait les 1re et 200e divisions d'infanterie. L'unité fut formée en juillet 1916, à partir du IVe Corps de Réserve *(IV.R.K.)*, aussi connu comme le « Groupe Conta » d'après son commandant, le général Richard Heinrich von Conta.

Cette photo montre des troupes d'assaut de la marine impériale allemande. Remarquez les pistolets « Parabellum P 04 » (aussi appelés « Marine Luger ») des deux hommes assis à l'avant-plan. Le général Falkenhayn a publié le 15 mai 1916 un ordre pour réorganiser les unités d'assaut du *Marinekorps Flandern* de façon très variée. La *Marine-Sturmabteilung* fut la seule de ce type. (Maurice Sublet archive)

Marine-Sturmabteilung

Il y avait une autre unité permanente et reconnue officiellement appelée la *Marine-Sturmabteilung*, un détachement de la marine impériale composé de 300 hommes, et créé en juillet 1916 avec du personnel provenant de régiments de l'infanterie de marine, *(Marineinfanterie-Regimenter)*, des compagnies de sapeurs *(Marine-Pionier-Kompanien)*, et des régiments de marins *(Matrosen-Regimenter)* des divisions du *Marinekorps Flandern* (Corps de marine des Flandres), créée en novembre 1916 et commandée par l'Amiral von Schröder. Le *Marinekorps* fut déployé au nord-ouest de la Flandres, et le long de la côte belge pour toute la guerre. Il était initialement composé de deux divisions de marine *(Marine-Divisionen)*; une troisième division fut ajoutée en 1917.

À gauche : Un chasseur (*Jäger*) du *Reserve-Jäger-Bataillon Nr. 5* qui fut plus tard transformé en bataillon d'assaut après avoir rejoint le *Karpathenkorps*. (Archives de l'auteur)

Les membres de la *Marine-Sturmabteilung* étaient connus en tant que *Dünenstürmer* ou « troupes d'assaut des dunes » et s'étaient entraînés à Balkenberge, au camp de Mispelburg, et sur la côte près d'Ostende. (28)

L'expansion des premiers bataillons d'assaut permanents

Lors d'une conférence qui eut lieu à Cambrai en septembre 1917 (voir page 91), le général Ludendorff vint à la conclusion qu'un renouvellement et une amélioration des méthodes de combat de l'infanterie devaient avoir lieu le plus rapidement possible. Non seulement les troupes devaient-elles recevoir de nouvelles armes plus performantes et une formation sur l'utilisation du fusil, il fallait aussi répandre les tactiques des troupes d'assaut dès que possible, une tâche difficile à accomplir avec seulement deux bataillons d'assaut permanents et les détachements et bataillons additionnels créés par l'ordre du 15 mai.

Par conséquent, chaque armée ou groupe d'armée devait organiser et maintenir une unité d'assaut permanente sous son commandement, sous la forme d'un bataillon, ou au moins de deux détachements, composés de deux compagnies chacuns. Lors de l'hiver 1916-1917, quatorze bataillons furent créés, dont le premier, le *Sturmbataillon Nr. 2 (St.Btl.2),* fut prêt le 2 novembre, bien qu'il n'ait pas été officiellement reconnu avant le 23 décembre. Les autres bataillons furent officialisés, ou ont vu leurs membres terminer l'entraînement, entre le 9 décembre et le 19 janvier 1917. (29)

Les bataillons organisés par de plus grandes unités sur le front de l'Ouest furent officiellement reconnus à partir du 4 décembre, lorsque le ministère prussien de la guerre officialisa les *Sturmbataillone Nr.1 (St. Btl.1), Nr. 6 (bay.St.Btl.6)* et *Nr. 7 (St.Btl.7),* le premier appartenant à la 1re Armée, le second à la 6e, et le troisième à la 7e. Le 9 décembre, le *St.Btl.4* fut formé, entraîné par la 4e Armée. Deux semaines plus tard, le 23 décembre, les *St.Btl.2, St.Btl.15* et *St.Btl.16* furent créés par la 2e Armée et les détachements d'armée A et B respectivement. L'existence du *St.Btl.14,* qui formait une partie du détachement de l'Armée Strantz, fut officiellement reconnue le même jour, bien que le bataillon n'ait pas été complet avant le 4 janvier 1917. (30)

Sur le front de l'Est, de grandes unités ont complété la formation de leurs bataillons entre le 8 décembre et le 19 janvier. L'Armée du Sud organisa le *St.Btl.8.* en Galicie, alors que la 9e Armée en fit de même avec le *St.Btl.9* en Roumanie. Le groupe d'armée Eichhorn et les forces du groupe d'armée de l'Archiduc Charles furent chargés d'organiser les *Sturmbataillone Nr. 10* et *Nr. 17* en Russie.

Deux bataillons, les *St.Btl.11* et *St.Btl.12,* furent formés en Pologne vers la fin décembre, le premier par le groupe d'armée Lisingen, et le second par le groupe d'armée Woyrsch. La plupart de ces unités (en particulier les bataillons 8, 11, 12, et 17) furent transférés sur le front de l'Ouest pour prendre part à la grande offensive allemande. (31)

Les *Sturmbataillone* étaient des unités d'instruction qui pouvaient aussi être utilisées pour les opérations de combat. Toutefois, contrairement à l'infanterie ordinaire, ils ne restaient pas sur les lignes de fronts longtemps, mais retournaient plutôt à leurs bases arrières aussitôt que les opérations de combat prenaient fin. Dans leur camp, ils étaient utilisés comme instructeurs, et pouvaient apprécier leur double ration de nourriture, des permissions supplémentaires, et ils étaient dispensés de garde et des travaux plus lourds. (32)

À gauche : Un grenadier (selon la nouvelle appellation du 2 mars 1917) du *St.Btl. Nr. 2.* L'on voit sur sa tunique un insigne brodé de fil noir consistant en un cercle avec deux grenades à manche inversées qui se croisent. (Archives de Thomas Wictor)

À droite : Le *St.Btl. Nr. 6.* était formé de deux compagnies d'assaut, la première, prusisnnee, et l'autre, bavaroise. La photo montre un grenadier du bataillon de la compagnie prussienne. La boucle de ceinture se lit clairement « GOTT MIT UNS » (Dieu avec nous) et était utilisée par les troupes de Baden et de Prusse de l'armée allemande. (Archives de l'auteur)

PINCES COUPANTES

Ce type de grandes pinces coupantes a été introduit en 1915. La pièce de métal qui tient les deux poignées était utilisée pour accrocher l'outil à la ceinture de cuir. Un anneau est visible sur l'une des deux poignées, et servait à attacher la lanière. Un autre modèle de pinces coupantes, plus petit, était également utilisé, et venait avec un petit sac pour faciliter le transport. (Collection de Jason Orland Time)

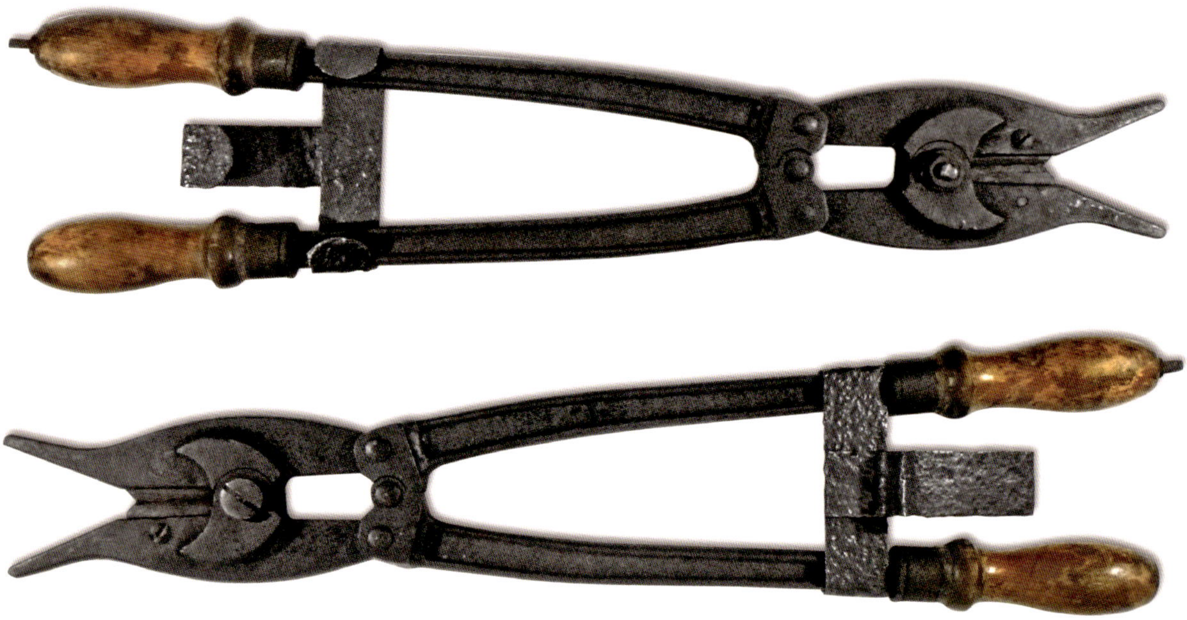

Troupes d'assaut s'entraînant à l'utilisation des pinces coupantes pour couper le barbelé. Les bottes de montagne que portent les soldats sont dignes de mention. (Bundesarchiv / Bild 183-R37285)

Vue avant et arrière d'un soldat d'assaut, probablement un sapeur du *Sturmbataillon Nr. 5 (Rohr)*. Il porte des bottes de montagne et ses pantalons ont des renforts de cuir aux genoux. Remarquez la boîte métallique du masque à gaz qui pend de sa ceinture, ce qui indique qu'il utilise le sac du masque pour contenir des effets personnels.Il ne porte pas de cartouchières, ce qui est typique des troupes de choc et d'assaut. Un autre trait typique était l'utilisation de deux gamelles au lieu d'une seule. Le reste de son équipement inclut les deux sacs pour porter les grenades à manche, les sacs à pain qui ont deux anneaux pour accrocher les gamelles, l'outil de tranchée avec l'étui de cuir, et les grandes pinces coupantes, une pièce essentielle pour pénétrer les lignes ennemies. Le cordon était utilisé pour empêcher l'outil de se perdre lors des opérations de combat. Le soldat est armé d'une carabine « Mauser » 1898. (Archives de Marcus)

Tout bataillon pouvait être renforcé avec des lance-flammes et avec une batterie de canons d'infanterie (*Infanteriegeschützbatterie* ou *I.Gesch.Batt.*). La plupart était composée d'un groupe de commandement, de deux compagnies d'assaut, d'une compagnie de mitrailleurs, et d'une compagnie de lance-mines (voir page 66). Les *Sturmbataillone Nr. 2* et *Nr. 16* avaient chacun quatre compagnies d'assaut, alors que les *Nr. 1* et *Nr.12* en avaient trois et le *Nr. 17* n'en avait qu'une. Les bataillons étaient forts de 1000 à 1400 hommes, alors que chaque compagnie d'assaut comprenait environ 120 hommes, bien que les compagnies du *St.Btl.5* avaient 200 hommes et les compagnies du *Jäg.(St.) Btl.3* en avaient plus de 260. (33)

Le 12 mars 1917, le général von Mackensen suggéra que les troupes des compagnies d'assaut de tous les bataillons soient renommées « grenadiers ». Cette suggestion fut acceptée et appliquée le 7 juillet, bien que les membres du *Sturmbataillon Nr. 5 (Rohr)* et du *Jäg. (St.)Btl.3* aient conservé leur ancien nom de sapeurs *(Pionier)* et de chasseurs *(Jäger)*. (34)

TROUPES D'ASSAUT ("STURMTRUPPEN")

Unités permanentes ou temporaires dont la mission principale était de répandre leurs méthodes de combat au sein de l'armée. Une unité expérimentale avait été créée auparavant pour étudier la guerre de tranchées.

	Unité expérimentale	Unités permanentes	Unités temporaires
Classification	Initialement : Détachement d'assaut Calsow (*Sturmabteilung Calsow*)	Bataillons d'assaut (*Sturmbataillone*)	Groupes d'assaut (*Sturmtrupps*)
	Puis : Détachement d'assaut Rohr(*Sturmabteilung Rohr*)	Détachements d'assaut de marine (*Marine-Sturmabteilung*)	Compagnies d'assaut (*Sturmkompanien o. Stuko*)
			Détachements d'assaut (*Sturmabteilungen*)
			Bataillons d'assaut (*Sturmbataillone*)

De l'hiver 1916 à l'été 1917, deux autres compagnies d'assaut (*Sturmkompanien* ou *St.K.*) ont été créées, portant les numéros 13 et 18 (*13.St.K.* et *18.St.K.)*. La 13e était sous le commandement de la 1re Armée et fut créée en France en décembre 1916, alors que la 18e fut créée en Russie en août l'année suivante. Apparemment, les deux unités semblent avoir eu la même structure : trois sections d'assaut, un groupe de mitrailleurs, et un groupe de lances-mines. En août 1918, la *18.St.K.* est devenue le *St.Btl.18*, un bataillon consistant en un état-major, deux compagnies d'assaut (une seule au départ), un groupe de mitrailleurs, et d'un groupe de lance-mines. (35)

À gauche : Cette affiche a été créée en 1917 par le professeur Fritz Erler, l'un des peintres de propagande les plus célèbres de la Grande Guerre. Le texte lit : « Aides-nous à vaincre ! Fait un prêt de guerre. » La propagande allemande montrait le soldat d'assaut comme « le plus parfait exemple du guerrier aux premières lignes ». Quelqu'un a écrit : « *... ce soldat ne marche pas avec un fusil à l'épaule, mais avec la carabine en main. Des pièces de cuir protègent parfois ses coudes et ses genoux. Il ne porte pas de cartouchières, parce qu'il garde ses munitions dans les poches de sa tunique. Il va de tranchée et tranchée en évitant les tirs ennemis, tirant et avançant, rampant comme un animal, sans peur, sans permettre d'être pris par surprise, toujours en mouvement, toujours confiant en lui-même et en ses capacités de répondre à toute les situations* ». (Archives de l'auteur)

À droite : Seulement trois *Sturmbataillone* furent équipés de lance-flammes de façon permanente. Le reste des unités devaient les emprunter au *Garde-Reserve-Pionier-Regiment*, l'unité à laquelle ces trois hommes appartiennent. (Archives de l'auteur)

SAPEUR D'ASSAUT ("STURMPIONIER") DU "STURMBATAILLON NR. 5 (ROHR)". BEUVEILLE (FRANCE), 1917

À partir de mars 1916, Beuveille, ainsi que la ville voisine de Doncourt, furent transformées en camps d'entraînement, où les tactiques développées par le *Sturmbataillon Nr. 5 (Rohr)* (lorsqu'il s'agissait toujours d'un détachement), étaient enseignées au reste de l'armée. Ces tactiques, connues sous le nom de *Stosstrupptaktik*, étaient basées sur l'élément de surprise et utilisées par les groupes d'assaut qui avaient pour mission principale d'ouvrir des corridors à travers les lignes ennemies, pour que l'infanterie puisse les exploiter. (24)

Les tactiques du *Sturmbataillon Nr. 5 (Rohr)* commençaient avec une préparation détaillée de l'attaque, faite en coopération avec les unités d'infanterie qui allaient prendre part à l'opération. Lors de cette phase, ils sélectionnaient des points précis où la pénétration devait avoir lieu, et repéraient les endroits où une résistance plus ardue était attendue. Les unités répétaient pour ne laisser aucun des aspects de l'opération au hasard. Puisque l'un de leur points forts était l'élément de surprise, tous les aspects de l'opération étaient planifiés et exécutés dans le plus grand secret. Quelques jours avant l'attaque, les forces d'assaut étaient placées aux points de départs pour se familiariser avec le terrain, ainsi qu'avec les défenses de l'ennemi.

Une fois l'assaut commencé, les fusiliers attendaient pendant que les unités d'assaut éparpillées traversaient le *no man´s land*. L'élément d'assaut variait selon l'opération. Ils étaient généralement organisés en trois détachements, avançant l'un après l'autre à intervalle rapproché. Le détachement de tête consistait en plusieurs groupes d'assaut soutenus par les forces d'infanterie qui s'unissaient en groupes.

Le détachement de tête ouvrait des couloirs dans les lignes ennemies aux points préalablement choisis. Une minute plus tard, le second détachement avançait, suivi du troisième. L'objectif était de consolider et de renforcer les ouvertures faites par le groupe de tête, et ils apportaient suffisamment d'armes et de matériel pour y parvenir. Les armes de soutien étaient essentielles pour le succès de l'opération. Les groupes d'assaut du premier détachement avaient des lance-flammes et des mitrailleuses.

Les lance-flammes restaient dissimulés jusqu'à ce qu'ils soient utilisés, pour éviter de devenir la cible de l'infanterie ennemie. Les lance-mines entraient en action dès le début de l'assaut. Leur mission était de neutraliser les points forts attendus. Après avoir réussi, ils suivaient les groupes d'assaut de près et neutralisaient tous les obstacles qui pouvaient les entraver. Les lance-flammes fonctionnaient d'une façon similaire. Pendant ce temps, les canons étaient utilisés pour neutraliser des points forts particulièrement robustes ; les équipes restaient un peu en retrait, et n'entraient pas dans l'action à moins que cela ne soit nécessaire.

Cette façon de faire la guerre s'est répandue à tous les bataillons d'assaut. Les principes théoriques et pratiques du *Sturmbataillon Nr. 5 (Rohr)* furent recueillis dans un document appelé *Anweisung für die Verwendung eines Sturmbataillons* (Directive pour l'utilisation d'un bataillon d'assaut), qui fut publié le 27 mai 1916. À partir de ce moment, le reste des unités d'assaut avait un guide de référence pour l'entraînement.

L'illustration

Elle représente un sapeur du *Sturmbataillon Nr. 5 (Rohr)*. Son équipement inclut un long manche de pelle, deux gamelles, et le sac en tissu pour porter le masque à gaz dans le récipient en métal. Toutefois, ce sapeur a préféré porter le contenant du masque à l'épaule, et utiliser le sac pour porte des effets personnels. Son arme est une carabine 1898. (Illustration d'Isaac Jadraque)

Une photo célèbre qui est généralement attribuée à la *Marine-Sturmabteilung*. Ils utilisent un lance-mine de type 1916 ("Granatwerfer 16"), formé par une plateforme à laquelle était attaché le lance-mine. La plateforme pouvait être démontée et transportée à l'aide d'une poignée, qui était aussi présente dans le tube du lance-mine. L'ensemble complet pesait environ 40 kilos, dont la majorité provenait du tube du lance-mine. Il avait un manche en bois auquel les grenades étaient fixées en position de tir. (Archives de l'auteur).

En 1918, trois bataillons ont été dissous : le *St.Btl.9* en mai, le *St.Btl.17* en août, et le *St.Btl.12* en octobre. Le reste est resté actif durant la guerre, mais six d'entre eux (1, 2, 4, 6 to 8, et 16) ont été retirés de leur compagnie d'assaut. Entre-temps, la *13.St.K.* avait intégré le *St.Btl.12*, et ce dernier fut dissous. (36)

BATAILLONS D'ASSAUT

Bataillon	Date d'activation	Composition						Unité responsable de l'entraînement
		St.K.	M.G.K.	M.W.K.	FL.W.	I.Gesch.Batt.	Autres	
St.Btl.1	(4/12/16)	3	1	1				1re Armée
St.Btl.2	(2/11/16)	4	1	1				3e Armée
St.Btl.3	(8/07/16)	4	1	1	Zug	1		2e Armée
St.Btl.4	(9/12/16)	2	1	1				4e Armée
St.Btl.5 (Rohr)	(1/04/16)	5	2	1	Trupp	1	H.Batt.	Détachement d'armée Gaede
bay. St.Btl.6	(4/12/16)	2	1	1				6e Armée
St.Btl.7	(4/12/16)	2	1	1				7e Armée
St.Btl.8	(28/12/16)	2	1	1				Armée du Sud
St.Btl.9	(18/12/16)	2	1	1				9e Armée
St.Btl.10	(28/12/16)	2	1	1				Groupe d'armée Eichhorn
St.Btl.11	(28/12/16)	2	1	1				Groupe d'armée Lisingen
St.Btl.12	(28/12/16)	3	1	1				Groupe d'armée Woyrsch
St.Btl.14	(1/01/17)	2	1	1				Groupe d'armée Strantz
bay.St.Btl.15	(23/12/16)	2	1	1				Détachement d'armée A
St.Btl.16	(23/12/16)	4	1	1				Détachement d'armée B
St.Btl.17	(19/01/17)	1	1	1	Zug		Flak auf Waffen Züg	Troupes allemandes du groupe d'armée Archiduc Charles d'Autriche
St.Btl.18	(22/08/18)	2	1	1				Groupe d'armée Eichhorn

St.K. (*Sturm-Kompanie*) : compagnie d'assaut

M.G.K. (*Maschinengewehr-Kompanie*) : compagnie de mitrailleurs

M.W.K. (*Minenwerfer-Kompanie*) : compagnie de lance-mines

Fl.W. (*Flammenwerfer*) : lance-flammes

I.Gesch.Batt. (*Infanterie-Geschütz-Batterie*) : batterie de canons d'infanterie

H.Batt. (*Haubitzen-Batterie*) : batterie d'obusiers

Zug : section

Trupp : Troupe

Flak auf Waffen Zug : section de canons anti-aériens montés sur camions

Un soldat d'assaut d'une unité de la Garde. La plupart des membres du *Sturmbataillon Nr. 4* provenaient du *1. Garde-Reserve-Regiment*. Il est armé d'un fusil « Mauser » 1898 . (Archives de l'auteur)

Des membres d'une unité d'assaut avec des casques d'acier 1916 et des carabines 1898. Remarquez les sacs en tissus pour porter les grenades à main, les pantalons avec les renforts de cuir aux genoux, et les chaussures courtes avec les bandes molletières en tissu roulées jusqu'aux genoux. (Archives de l'auteur)

Troupes d'assaut du *Landwehr-Infanterie-Regiment Nr. 116*. Ce régiment faisait partie de la *9. Landwehr-Division* et fut déployée près de Vouziers, au nord-ouest de l'Argonne, pour la majorité de la guerre. (Archives de l'auteur)

Troupes du *Sturmbataillon Nr. 14* marchant le 20 avril 1918, peu après l'attaque de Seicheprey, une petite ville de Lorraine au sud de Saint-Mihiel. Le jeune officier à l'avant plan porte le casque d'un Britannique ou d'un Américain capturé. (Archives de Maurice Sublet)

Membres d'une unité d'assaut du troisième bataillon du *Reserve-Infanterie-Regiment Nr. 89*. L'image fut prise le 22 septembre 1917, après une patrouille. Remarquez la mitrailleuse légère « Lewis » 1911 devant les soldats. La « Lewis » était une excellente arme américaine utilisée par les Britanniques en Europe. Les Allemands en ont capturées plusieurs qui furent converties en calibre 7.92 mm. (Archives de l'auteur)

Officiers et sous-officiers du détachement d'assaut de la *204. Infanterie-Division*. Cette unité fut créée en Allemagne durant l'été 1916 et a combattu dans l'offensive de 1918. (Archives de l'auteur)

Les troupes du *Sturmbataillon Nr. 10* posent pour le photographe. Les armes visibles sur la photo sont un « MG.08 », un lance-mines léger, et deux *Brandröhren*, ou tubes incendiaires. Ils consistaient en une longue perche de bois avec un tube de métal à l'une des extrémités qui produisait un embrasement éclair, suivi d'une fumée dense. Il était opéré par une équipe de six hommes. (Archives de Thomas Wictor)

Les divisions de cavalerie et les régiments transformés en unités de fusiliers formaient aussi leurs propres formations d'assaut. Les troupes d'assaut du *Königlich Bayerisches 2. Schwere-Reiter-Regiment Erzherzog Franz Ferdinand von Österreich-Este* posent pour le photographe. (Archives de l'auteur)

Exercice d'infiltration. Trois soldats coupent le barbelé pendant que le reste du groupe les soutiennent avec des grenades à main. Les troupes de choc et d'assaut ouvraient des couloirs à travers les lignes ennemies pour permettre aux troupes d'infanterie d'avancer. (Archives de l'auteur)

SAPEURS TÊTE DE MORT : LANCE-FLAMMES

Le rôle du lance-flammes était de soutenir les actions des troupes d'assaut. Un détachement fut formé autour de ces armes en janvier 1915, évoluant au cours de la guerre pour devenir le Régiment de Sapeurs de Réserve.

L'intérêt de l'armée allemande pour le lance-flammes remonte à plusieurs années avant le début de la guerre, plus précisément en 1900, après un entraînement qui eut lieu lors d'une série de manœuvres, où naquit l'idée d'utiliser un engin lançant du liquide inflammable. Un an plus tard, l'ingénieur berlinois Richard Fiedler esquissa un plan et le présenta à l'armée, et obtint le soutien nécessaire au développement du projet. Un prototype fut construit en 1905, et testé dans la zone d'évaluation du *Garde-Pionier-Batailon* (ou *G.Pi.Btl.*) à Berlin. Les membres du comité technique assistant à la démonstration ont suggéré plusieurs améliorations, qui furent ajoutées aux prototypes suivants (une petite machine et une grande), menant au lance-flammes modèle 1912, qui fut utilisé au début de la guerre. En 1908, la *Pionier-Versuchsabteilung* du *G.Pi.Btl.* a reçu les prototypes pour conduire des tests supplémentaires avec la coopération de Fiedler. Les tests furent menés l'année suivante et ont montré que les armes de l'ingénieur étaient supérieures aux *Brandröhren*, qui n'étaient guère plus que de simples tubes remplis de carburant qui produisaient des flammes et de la fumée, et qui étaient utilisés pour neutraliser les places fortes ennemies.(1)

Durant cette période, Bernhard Reddemann, un officier de la *Landwehr* qui fut le premier à suggérer l'utilisation d'appareils pour projeter du carburant en feu lors des manœuvres militaires de 1909, a effectué plusieurs tests, particulièrement après avoir été témoin de l'utilisation d'un « lance-carburant » par les forces japonaises lors de la guerre russo-japonaise de 1904-1905. L'officier, qui était aussi un ingénieur, inventa une façon de transformer les pompes utilisées dans les extincteurs en lance-flammes. En 1907, alors qu'il commandait le corps de sapeurs-pompiers de Posen, il dirigea un exercice utilisant ces pompes modifiées contre des défenses fortifiées.

À gauche : Lance-flammes « Kleif » 1917. Un petit lance-flammes nécessitait une équipe de trois ou quatre hommes appelée *Kleiftrupp*. Le numéro « 9 » peint à l'arrière des casques indique le numéro de l'équipe. La photo a été prise au camp d'entraînement du *Sturmbataillon Rohr*, situé près de Beuveille et de Doncourt, au sud de Longuyon. (Bundesarchiv/ Bild 183-R41769)

À gauche : Un sapeur du *Garde-Pionier-Bataillon* pose pour le photographe en 1908. Cette année-là, la *Pionier-Versuchsabteilung* a reçu deux prototypes de lance-flammes, un grand et un plus petit, pour effectuer plusieurs essais sur le terrain. (Archives de l'auteur)

Le moment exact où Reddemann contacta Fiedler est inconnu. Certaines sources placent la rencontre en 1908, alors que d'autres croient qu'elle n'eut lieu qu'en 1914. Reddemann contribua au développement de la nouvelle arme, particulièrement au niveau de la méthode d'expulsion.Fiedler fit breveter son invention en 1910. En janvier 1911, les bataillons de sapeurs *Nr. 23*, *Nr. 24* et *Nr. 25* reçurent l'ordre d'évaluer l'utilisation tactique du lance-flammes. Un an plus tard, à la fin des tests, le ministre prussien de la Guerre ordonna que tous les trains de siège *(Pionier-Belagerungstrains)* appartenant à des bataillons de forteresse soient équipés de lance-flammes. En 1914, au tout début de la guerre, d'autres unités de sapeurs ont elles aussi reçu la nouvelle arme.(2)

Bien que l'utilisation de tubes incendiaires par des sapeurs (organisés en *Brandröhrentrupps*) lors des escarmouches initiales du début de la guerre soit confirmée, il n'y a pas de traces de l'utilisation de lance-flammes. Jusqu'à maintenant, aucun document n'indique une utilisation de ces nouvelles armes entre septembre et août 1914. Les premières utilisations documentées des lance-flammes eurent lieu le 5 octobre 1914, lors d'une action près de Bagatelle , dans la région de l'Argonne. À partir de ce moment, l'utilisation du lance-flammes a continué de croître, bien qu'elle ne se soit pas répandue entièrement avant 1915. Cette année-là, les lance-flammes ont été utilisés dans 32 actions de combat, 160 en 1916, l'année suivante 165 fois, et finalement 296 en 1918. L'utilisation totale des lance-flammes s'élève à 653 opérations, dont la plupart (environ 80%) ont été réussies.(3)

Flammenwerfer-Abteilung Reddemann

Au début de la guerre, Reddeman, alors capitaine, reçut l'ordre de rassembler les lance-flammes en une unité qui devait être prête le plus tôt possible. Le 18 janvier 1915, un nouveau détachement fut créé appelé *Flammenwerfer-Abteilung Reddemann*, qui fut équipé de 12 grands lance-flammes. L'unité était composée de 48 hommes, dont la plupart étaient des volontaires de différentes unités de sapeurs. La plupart d'entre eux étaient des pompiers durant leur carrière civile. Reddemann lui-même avait été en charge des sapeurs-pompiers de Leipzig, ainsi qu'à Posen quelques années auparavant.(4)

Après la période d'entraînement, l'unité fut équipée et plus tard assignée à la 5e Armée. Leur baptême du feu se fit le 26 février 1915, dans la forêt de Malancourt, au nord de Verdun. Cette action et les autres qui suivirent ont prouvé que les lances-flammes étaient utiles, et on décida de développer le détachement. En mars 1915, la *Flammenwerfer-Abteilung Reddemann* est devenue l'état-major III. *(Stab III.)* du *G.Pi.Btl.*, formé de quatre compagnies, numérotées de 9 à 12. Quelques mois plus tard, les compagnies *Nr. 13* et *Nr. 14* (*G.Pi.K.13,14*) ont été créées, suivies par les *Nr. 15* et *Nr. 16* en décembre. En février l'année suivante, l'état-major IV *(Stab IV.)* du *G.Pi.Btl.* fut créé, avec les compagnies *Nr. 1* et *Nr. 2*. Finalement, le 20 avril, le Ministère de la Guerre décida de fusionner toutes ces unités pour former le *Garde-Reserve-Pionier-Regiment* (ou *G.R.Pi.R.*), que Reddemann commanda jusqu'à la fin de la guerre.(5)

Garde-Reserve-Pionier-Regiment

Le *G.R.Pi.R.* était composé d'un état-major, d'un détachement d'essai *(Feld-Versuchabteilung)*, un dépôt pour les recrues de terrain *(Feldrekrutendepot)* qui servait aussi de camp d'entraînement *(Feld-Ausbildungs-Kompanie)*, et de trois bataillons, chacun composé de quatre compagnies et d'un détachement ou d'une section d'entretien. Les compagnies étaient divisées en trois sections *(Züge)*, et chacune d'entre elles possédait cinq groupes de lance-flammes *(Flammenwerfer Trupps)*. La section comprenait une troupe de mitrailleurs avec deux armes *(M.G.Trupp)*, en plus d'une troupe de remplacement *(Ersatz-Trupp)*. Il y avait un total de 3000 hommes dans un régiment, dont 80 officiers. Les hommes étaient initialement recrutés à partir de pompiers mobilisés, et la plupart des hommes étaient des volontaires, bien que certains soient arrivés au régiment comme punition, ce qui prouve la difficulté de servir dans cette unité. Le *G.R.Pi.R.* était sous le commandement direct de l'OHL, qui utilisait ces bataillons dans un rôle de soutien pour les armées. Ce soutien n'était que temporaire, et était donné par l'intermédiaire des bataillons d'assaut, bien que les *Sturmbataillone Nr. 3*, *Nr. 5*, et *Nr.* 17, possèdent déjà des unités de lance-flammes permanents : une section avec cinq groupes de combat dans le cas des *St.Btl. 3* et *17*, et un seul dans le cas du *St.Btl. 5* (Rohr).(6)

Techniquement, chacune des douze compagnies du *G.R.Pi.R.* devait être armée de 30 à 40 petits lance-flammes et de 12 à 15 grands, mais en réalité le nombre d'armes était variable. Lors des longues marches, les lance-flammes étaient transportés dans des camions.

Lance-flammes

Les lance-flammes étaient classifiés comme grands engins *(grosser Flammenwerfer* ou *Grof)* et comme petites unités ou unités portatives *(Kleine Flammenwerfer* ou *Kleif)*.(7) Alors que ce dernier avait des sangles qui lui permettait d'être porté sur le dos, le *grosser Flammenwerfer* était transporté dans une remorque et utilisé à partir de points fixes, puisqu'il n'était pas utilisable lors des combats mobiles. Tous les lance-flammes avaient deux composantes de base : un ou plusieurs réservoirs qui contenaient le carburant et l'agent propulseur (généralement du dioxyde de carbone ou de l'azote), et une baguette, généralement connectée à un tuyau, à travers lequel le flot de liquide inflammable était expulsé.

Kleiftruppen de la 14e Compagnie (*G.Pi.K. 14*) de l'état-major du *Garde-Reserve-Pionier-Bataillon* (*Stab III./G.Pi.Btl.*). Certains de ses membres sont armés du pistolet Mauser C 96. Remarquez les versions primitives du lance-flammes modèle 1915. (Archives de Thomas Wictor)

Le seul modèle de lance-flammes qui existait en 1914 était le modèle 1912, une arme avec un réservoir de liquide inflammable et deux réservoirs d'agent propulseur, capable de projeter un flot de flammes à une distance de 35 à 39 mètres, pour une durée maximale de 45 secondes. Le lance-flammes modèle 16 est apparu au cours de la guerre et était connu comme le *Leichtgrof*, un grand lance-flammes léger amélioré (avec seulement deux réservoirs) et des caractéristiques similaires à celles du modèle précédent, bien que la portée puisse être accrue en ajoutant jusqu'à six tuyaux, et que la durée maximum puisse augmenter en remplaçant les réservoirs. Les deux modèles nécessitaient une équipe de cinq : un chef (généralement un sous-officier ou un caporal), un opérateur de baguette *(Strahlrohrführer)*, et trois assistants, dont deux (appelés *Grofleute)* étaient chargés de manier les valves du réservoir, alors que le troisième *(Hilfsmann)* était l'assistant du sapeur responsable de la baguette.

En ce qui concerne le petit lance-flammes portatif, le premier était le modèle 1912. Ce modèle était aussi le résultat de la coopération entre Richard Fiedler et le détachement d'essai du *G.Pi.Btl.* dans les années précédant la guerre, plus particulièrement entre 1908 et 1912. L'arme consistait en un cylindre d'acier avec deux chambres internes (l'une pour le fluide et l'autre pour l'agent propulseur) et d'une baguette télescopique rigide qui ne pouvait descendre plus bas qu'en position horizontale. Ce problème fut résolu avec le modèle 1914, similaire au modèle précédent, mais avec une baguette reliée à un tuyau en caoutchouc, et non pas directement au cylindre. Les deux armes avaient une portée maximale de 15 à 18 mètres. Le lance-flammes modèle 1912 fut retiré du front de l'Ouest à la fin de 1914. Toutefois, il est resté actif sur le front de l'Est, où il était également utilisé pour envoyer du gaz toxique.

D'autres lance-flammes portatifs utilisés par l'armée allemande durant la Première Guerre mondiale

À gauche : Des troupes appartenant à une unité d'assaut posent pour la photo, prise en automne 1917 sur le front italien lors de la bataille de Caporetto. Sur la gauche, l'on voit des membres du *G.R.Pi.R.*, temporairement assignés à cette unité. Le lance-flammes à l'extrême-gauche est un « Wechselapparat Flammenwerfer », aussi appelé « Wex ». (Archives de Maurice Sublet)

incluent les modèle 1915, 1916, 1917, et le *Wechselapparat Flammenwerfer* ou *Wex*.

Deux versions du lance-flammes modèle 1915 existaient, et les deux pouvaient lancer un jet de liquide inflammable jusqu'à une distance de 25 mètres et le maintenir de 20 à 25 secondes. Les deux modèles avaient des réservoirs d'agent propulseur externes attachés au dos du réservoir de carburant.

Le modèle 1916 était très similaire à la version de 1914. En fait, ils avaient les mêmes capacités, mais plusieurs améliorations ont été ajoutées pour le rendre plus versatile. Il avait toujours quelques défaut, qui furent corrigés dans la version suivante du lance-flammes, le modèle 1917, qui étaient moins prompt aux pannes et aux dommages lors des exercices et des actions de combat.

À droite : Un sapeur du *Pionier-Bataillon Nr. 20*. Cette unité, armée de tubes incendiaires (« *Brandröhre*"), prit part à l'assaut contre le fort de Vaux en juin 1916. (Archives de l'auteur)

Cette photo montre un lance-flammes appuyant un assaut, et a été prise lors d'un exercice. Le soldat à l'avant-plan porte un casque d'acier modèle 1916 ou 1917. (Archives de l'auteur)

Le dernier modèle de lance-flammes portatif était appelé *Wechselapparat Flammenwerfer*, et était une amélioration considérable des modèles précédents. Cette arme fut utilisée pour la première fois au début de 1917, pesait 25 kilogrammes, avait une portée de 30 mètres, et la flamme pouvait être maintenue de 9 à 20 secondes, en fonction de l'ajutage attaché à l'extrémité de la baguette. L'extérieur apparaissait comme une sphère métallique, qui contenait l'agent propulseur, avec le fluide inflammable stocké dans un réservoir entourant la sphère. Il était si petit et léger qu'il pouvait être porté par un seul homme si nécessaire, lors des situations où le reste de l'équipe était tuée ou blessée. Les petits lance-flammes étaient maniés par une équipe de trois ou quatre hommes *(Kleiftrupp)*, dont un chef (chargé de manier la baguette), le porteur de réservoirs *(Kleifträger)*, et d'un ou deux porteurs de réserve armés de fusils ou de carabines, et de grenades à main. Les autres membres de l'équipe n'utilisaient que des pistolets. Un groupe de lance-flammes *(Flammenwerfertrupp)* était généralement équipé de deux armes qui était utilisées en même temps, sauf dans les actions de combat qui se montraient plus longue, auquel cas le second lance-flammes était mis en ligne lorsque le premier avait utilisé tout son carburant.(8) Les lance-flammes étaient utilisés à la fois dans des rôles défensifs (en grandes unités) et offensifs, bien que ce soit en ces derniers qu'ils aient prouvé leur efficacité. Reddemann, qui fut promu au rang de commandant *(Major)* durant la guerre, développa une tactique pour l'utilisation de ces armes dans la guerre de tranchées. Les groupes de lance-flammes utilisant les petits engins se ruaient sur les mitrailleurs ennemis et les autres points forts, soutenus par les tirs d'arme à feu et les grenades.(9)

À droite : Aussitôt que les membres du *G.R.Pi.R.* ont commencé à utiliser leurs insignes, ils se sont rapidement fait connaître comme les « sapeurs tête de mort » (« *Totenkopfpioniere*"). Les sous-officiers et les soldats portaient leur insigne brodée avec du fil gris, alors que les officiers utilisaient du fil argenté. Dans les deux cas, les trous pour les yeux et le nez étaient fait de velours noir, alors que les dents étaient faites de fils noir et blanc. Une vue rapprochée de la version des sous-officiers et des soldats peut être vue au coin inférieur droit de la photo. (Archives de l'auteur)

Jn der Heimat da
giebts ein
Wiedersehen!

Sapeurs du *Garde-Reserve-Pionier-Regiment*. L'on voit sur la manchette gauche de leur tunique modèle 1907 l'insigne utilisée par les membres de cette unité. Elle fut adoptée en juin 1916 et consistait en une tête de mort et deux tibias en croix, cousus sur un *feldgrau*. (Archives de l'auteur)

SAPEUR DU "GARDE-RESERVE-PIONIER-REGIMENT (G.R.PI.R.)". FRANCE, 1917

Avant la guerre, il y avait 35 bataillons de sapeurs sous le commandement de l'*Armeekorps*. Les corps I, III, V, VII, VIII, XV, XVI, XVIII, et III Bavarois avaient chacun trois bataillons. Les autres n'en avaient qu'un. La plupart des bataillons étaient formés de quatre compagnies (l'un d'entre eux n'en avait que trois) Le Garde-Pionier-Bataillon avait une unité d'essai (*Pionier-Versuchsabteilung*) et il y avait dix bataillons additionnels, désignés comme des bataillons forteresse, chargés de l'attaque et de la défense de forts.

Quand l'ordre de mobilisation fut donné, les bataillons de forteresse ont été transformés en dix régiments (un régiment bavarois et le reste numérotés de 18 à 20, 23 à 25, et 29 à 31) formés de deux bataillons, chacun avec trois compagnies. Au même moment, chacun des bataillons, appelés bataillons de terrain, fut séparé en deux, numérotés I et II. Les bataillons portant le numéro II, formés de trois compagnies, étaient mis sous le commandement d'un corps actif (les corps d'armée étaient aussi appelés corps actifs pour les différencier des corps de réserve). Les bataillons des corps de réserve consistaient aussi en trois compagnies qui étaient utilisées pour soutenir les divisions d'infanterie si nécessaire, bien que chaque division soit généralement soutenue par une ou deux compagnies de sapeurs. Les trois compagnies qui formaient ces bataillons numéro II (l'une était active et les deux autres en réserve), étaient utilisées en support de compagnies de réserve.

L'importance des sapeurs durant la guerre était visible dans l'augmentation des unités composées de ces troupes. Sur les 109 compagnies créées en 1914, 27 étaient des unités de réserve, 42 étaient des *Landwehr*, 27 étaient des *Landsturm*, et 13 étaient *Ersatz*. S'il y avait 150 compagnies existantes avant la mobilisation, ce nombre passa à presque 600 à la fin de 1916. Durant cette même période, trois nouveaux régiments virent le jour: le *Garde-Reserve-Pionier-Regiment* (*G.R.Pi.R.*), ainsi que les régiments de sapeurs *Nr. 35* et *Nr. 36* (*Pionier-Regiment Nr. 35 et Nr. 36*). Le premier était armé de lance-flammes, et les deux autres, créés au printemps 1915, possédaient des forces spécialisées en guerre chimique et étaient connus sous le nom de Gastruppen. Il y avait d'autres unités composées de sapeurs, notamment les bataillons et compagnies de lances-mine, les compagnies de démineurs, et les groupes de construction.

En janvier 1917, les unités de sapeurs furent réorganisées, et on fit la distinction entre celles appartenant aux divisions, aux armées, et à celles sous le commandement de l'*OHL*. À partir de ce moment, chaque division d'infanterie avait son bataillon de sapeurs, intégré organiquement dans sa structure.L'étape précédente avait été de démanteler les bataillons de terrain, et les bataillons de forteresse ont été transformés en bataillons formés de compagnies qui étaient, pour la majorité, sous le commandement des armées. D'autres unités ont également été placées sous le commandement des armées, telles que plusieurs compagnies de *Landwehr* et de *Landsturm*, toutes les compagnies de démineurs, ainsi que certaines unités et sections d'opérateurs de projecteurs. Les constructeurs de ponts sont restés sous le commandement de l'*OHL*, de même que les unités de lance-flammes, les *Gastruppen*, et un bataillon de lances-mines (mortiers) utilisé pour renforcer les parties les plus actives du front.

Le sapeur

Le sapeur dans cette illustration porte une tunique de type 1907, avec un passepoil noir autour du col et des manchettes. Toutefois, le passepoil est rouge aux pattes d'épaule et sur le devant de sa tunique. Notez l'insigne à tête de mort sur sa manche droite, cousue juste au-dessus de la manchette. (Illustration d'Isaac Jadraque)

Sapeurs de la 12e Compagnie du *G.R.Pi.R.* photographiés à Arras (France) en juin 1917. Notez la boite de masque à gaz en metal et le grand coupe fil de fer barbelé. (Thomas Wictor´s archive)

Les unités de lance-flammes coopéraient avec les troupes d'assaut lors des combats. Les armes étaient dissimulées jusqu'au moment exact de l'assaut, sinon elles devenaient des cibles de choix pour les forces ennemies. (Archives de l'auteur)

Les équipes utilisant les petits lance-flammes assaillaient les positions ennemies avec l'aide de troupes qui les soutenaient avec des tirs automatiques, des tirs de carabines, et des grenades à main. (Archives de l'auteur)

Le meneur d'une *Kleiftrupp* maniait la baguette du lance-flamme. Il était assisté d'un homme chargé de porter les réservoirs, ainsi que de deux soldats de réserve armés de pistolets et de grenades à mains (parfois aussi de carabines ou de fusils), qui avaient la mission de soutenir les actions du reste de l'équipe. (Archives de Thomas Wictor)

Une *Keiftrupp* du groupe de lance-flammes du *Sturmbataillon Nr. 5 (Rohr)*. L'arme est un lance-flammes « Kleif » modèle 1917. Le sapeur qui portait les réservoirs était appelé *Kleifträger*. (Archives de Marcus Massing)

Photo d'un sapeur du *G.R.Pi.R.* portant une tunique de type 1915. L'insigne à tête de mort est parfaitement visible sur sa manchette gauche. La casquette portée par les sapeurs présente un bandeau noir. (Archives de l'auteur)

Cette photo montre un lance-flammes en action lors d'un exercice. La vision d'une grande langue de feu crachée par le lance-flammes impressionnait toujours les troupes ennemies. (Archives de l'auteur)

18 70

LA NOUVELLE INFANTERIE

L'infanterie subit une transformation drastique durant la guerre. En 1918, les rangs de fusiliers étaient une chose du passé. Le soldat à pied ne faisait plus partie d'un corps collectif dont tous les membres ne faisaient qu'un, avec les mêmes outils, sous le commandement des mêmes personnes. Le bataillon était devenu un élément tactique de l'armée, avec différentes armes à sa disposition, alors que le groupe de combat est devenu l'unité de combat de base, formé d'hommes avec un vaste éventail d'armes.

Il y eut deux moments majeurs qui ont défini la conversion de l'infanterie. Le premier eut lieu en hiver 1916-1917, lorsque les troupes furent entraînées pour la nouvelle approche défensive. Le second eut lieu en 1918, quand les soldats ont appris une nouvelle doctrine offensive, dont les principes étaient écrits dans le manuel *Der Angriff im Stellungskrieg (L'attaque dans la guerre de tranchées)*, utilisé pour entraîner les troupes qui allaient participer à la grande offensive du 21 mars de la même année.

Ludendorff : La réforme de l'armée

Vers la fin du mois d'août 1916, Hindenburg et Ludendorff ont démis Falkenhayn de ses fonctions au sein du Commandement Suprême de l'Armée. Le Maréchal Hindenburg est devenu le nouveau chef de l'OHL, ce qui lui donna un pouvoir presqu'illimité (a).

À gauche : Cette photo montre l'empereur Guillaume II passant en revue les troupes ayant pris part à l'assaut du port de la ville de Riga. Lors de cette opération, le général Oskar von Hutier (au centre, à la droite du Kaiser) créa certaines des tactiques les plus efficaces, qui furent plus tard utilisées lors de la grande offensive de 1918. (Archives de l'auteur)

(a) Selon la Constitution allemande, le Commandant-en-Chef de l'armée allemande était le *Kaiser*. L'empereur était l'autorité suprême de l'armée et de la marine, bien que le commandement soit entre les mains du Chef de l'état-major, une position qui était traditionnellement occupée par un général digne de cet honneur, peu importe son ancienneté. La mission du chef de l'OHL était similaire à celle de son homologue français, mais, contrairement à ce dernier, dont les actions en temps de paix étaient sous la loupe du gouvernement, le chef de l'OHL avait des pouvoirs illimités qui allaient au-delà des autorités politiques, et ce, même avant le début de la guerre. Le *Kaiser* encouragea la situation en décidant de ne pas intervenir dans la direction des opérations militaires, bien que le chef de l'état-major soit tenu de soumettre toute décision importante à l'approbation du *Kaiser*. Ce dernier l'autorisa à émettre des ordres en son nom, ce qui donna au chef de l'OHL des pouvoirs illimités.

À gauche : Au début de 1917, l'Allemagne déclara une guerre sous-marine sans restrictions. Cela n'était pas la première fois qu'une telle décision ait été prise. Cette décision avait en effet été prise deux fois lors des années précédentes, et dans les deux cas les commandants militaires avaient dû revenir sur leur décision. La guerre sous-marine fut lourdement débattue durant ces deux années, la première fois entre le gouvernement et la *Hochseeflotte* (flotte de haute mer), et plus tard entre le gouvernement et l'OHL. Chaque argument, pour et contre, fut discuté, puisque les commandants étaient conscients des implications concernant la neutralité et les lois internationales. Ainsi, une affiche de propagande demande à la population de financer le maintien de la guerre sous-marine. (Bundesarchiv / Plak 001-007-20)

À droite : le *General der Infanterie* Erich Ludendorff (à droite) et le *Generalfeldmarschall* Paul von Hindenburg. Cette photo a été prise le 2 octobre 1917 à Kreuznach lors de la célébration du 70e anniversaire de Hindenburg. (Bundesarchiv/Bild 146-1987-127-09A)

Toutefois, c'était Ludendorff qui possédait le pouvoir exécutif des ressources économiques, politiques, et militaires grâce à son rang de Premier Intendant Général (b). (1)

Deux jours après leur nomination, les deux chefs visitèrent le front de l'Ouest, au milieu de la bataille de la Somme, pour pouvoir se rendre compte de la situation réelle. (2) Après leur visite à Charleville, où ils furent honorés par une compagnie du *Sturmbataillon Rohr* (3), ils arrivèrent à Cambrai le 7 septembre pour participer à une conférence avec les autres commandants militaries (4). Les plus grandes craintes de Ludendorff furent confirmées lors de cette rencontre, et il devint convaincu qu'un changement de perspective s'imposait (5). D'un point de vue stratégique, le nombre de troupes et les ressources inférieures forçaient à une stratégie défensive sur le front de l'Ouest, et ce au moins jusqu'à la victoire de la guerre sous-marine. (6) En ce qui concerne les tactiques, elles devaient être modifiées pour répondre à la fois aux tendances imposées par la guerre, mais aussi au plan défensif qui devait être établi. Les troupes d'infanterie devaient être proprement armées, et entraînées à l'utilisation du fusil et de la grenade à main.

Selon Ludendorff, qui a écrit ses mémoires après la guerre, la façon dont les troupes attaquent n'avait que peu changé depuis 1914. Deux ans plus tard, ces dernières se battaient toujours en formations qui étaient trop rigides et compactes (7), avec pour seul but de maintenir chaque pouce de terrain, ce qui mena inévitablement à un grand nombre de pertes. L'arme principale du fantassin était maintenant la grenade à main, mais la plupart des troupes ne l'utilisait pas correctement. Une chose similaire s'était produite avec le fusil, une arme qui était reléguée à un rôle secondaire parce que les soldats devaient s'exposer pour viser et tirer. En ce qui concerne les autres armes, il y avait une pénurie de lances-mines et de lances-grenades, et le nombre de mitrailleuses était inférieur à celui se trouvant entre les mains de l'ennemi. Les troupes manquaient particulièrement de mitrailleuses légères, une arme qui, selon l'OHL, était devenue l'instrument de tir le plus important de l'infanterie (8).

Les industries allemandes devaient fournir un appui économique avec l'objectif de fournir aux troupes les armes si précieuses (9). À cette fin, le programme Hindenburg fut implanté par Ludendorff durant l'automne 1916. Il s'agissait d'un plan ambitieux qui plaçait tout le cadre socio-économique national au service de l'effort de guerre.

Ce plan demandait de tripler la production de mitrailleuses, de doubler la production de munitions, et d'augmenter de façon significative la production de lances-mines, de pièces d'artillerie, et d'avions (10). Ces objectifs très ambitieux ne furent pas atteints, mais le programme permit à l'infanterie d'augmenter sa puissance de feu avec l'addition d'armes supplémentaires. En 1916, les compagnies de mitrailleurs des bataillons avaient six mitrailleuses au départ ; ce nombre passa à huit, puis dix, pour finalement arriver à douze. Les pièces d'artillerie de tranchées, comme les mortiers légers, étaient organisées en section, et rattachées à chaque bataillon à la fin de l'année (11).

(b) Pour exercer ses fonctions, le Chef de l'état-major de l'OHL avait l'aide d'un *Generalquartiermeister* et des chefs de section. Le rôle d'un Intendant général n'était pas clairement défini. Il s'agissait d'un poste unique, et celui qui l'occupait soutenait et conseillait ses supérieurs, qui laissaient les détails des opérations entre ses mains, et le remplaçait si nécessaire. Les limites de son pouvoir était tellement mal définies que son rôle dépendait de la personne en charge. Quand Falkenhayn était Chef de l'état-major, les Intendants généraux étaient à peine remarqués, mais ils demeuraient des proches collaborateurs de Hindenburg.

Le nettoyage et l'entretien du fusil était primordial. Dans leurs quartiers, des conscrits apprennent à nettoyer leur arme, généralement sur une table avec un étau pour maintenir le fusil de façon à ce qu'il reste stable. Les soldats utilisaient de la graisse, des chiffons de coton, et de la ficelle. (Archives de l'auteur).

Les compagnies furent aussi équipées de mitrailleuses légères à partir de la fin 1916(c). Bien que les lance-grenades aient à l'origine été assignés aux bataillons, ils furent plus tard transférés aux compagnies.

Le canon d'infanterie était utilisé pour faire taire les mitrailleuses, mais aussi pour détruire les chars et tout autre cible qui nécessitait un tir rapide et précis. En mai 1918, cette arme de terrain est devenue une partie intégrante de l'arsenal des bataillons. Avant cela, il était utilisé ponctuellement pour les entraînements, ou pour renforcer les sections les plus actives du front. La décision d'adopter une position défensive sur le front de l'Ouest mena à un repli stratégique des saillants d'Arras et de Soissons vers ce que les Britanniques appelaient la Ligne Hindenburg, une tranchée solide et un réseau de forteresses localisé quelques 40 kilomètres à l'arrière, qui s'était mis en place en septembre 1916 mais qui n'était toujours pas terminé lorsque les armées alliées l'ont envahi en 1918(12). La retraite, appelée « Operation Alberich », eut lieu entre février et mars 1917 (13). Lors de leur retraite, les Allemands ont détruit systématiquement tout ce qui pouvait être utile à l'ennemi(14). Durant les mois précédents, le commandement tenta de préparer les troupes de façon exhaustive pour les batailles défensives à venir.

À gauche : Un « Schütze » (fusilier) du *Garde-Schützen-Bataillon* s'apprête à lancer une grenade d'une tranchée occupée par les forces du *2. Landsturm-Infanterie-Bataillon Bruchsal*, une unité assignée au XIVe Corps d'Armée. (Archives de l'auteur)

(c) Selon les données recueillies par Luis de la Gándara Marsella, la production de mitrailleuses MG.08/15 a augmenté graduellement. Lors de la première moitié d'avril 1917, 100 armes ont été produites ; 650 ont été produites durant la seconde moitié d'avril, et 1 400 durant la seconde moitié d'octobre. À la fin de l'année, la production mensuelle était d'environ 3 700 mitrailleuses légères, un chiffre qui est resté constant jusqu'à la fin de la guerre.

Le plan défensif de la ligne Hindenburg a été préparé selon les nouveaux principes retrouvés dans la *Führung der Abwehrschlacht* (*Instructions pour la bataille défensive*), un manuel écrit par le général Hoehn, le capitaine Geyer, et le colonel Max Bauer suite au briefing de Ludendorff après sa visite du front(15). Ce livre comprenait une régulation de l'entraînement pour les troupes d'infanterie, mais aussi des cours pour enseigner aux chefs de troupes et aux officiers de l'état-major les principes de la guerre défensive, comme ceux utilisés à Sedan et Valenciennes(16). Parallèlement, les troupes d'infanterie étaient entraînées à l'utilisation du fusil, alors que les cours enseignant les tactiques d'assaut et l'utilisation d'armes spécifiques comme la grenade à main, le lance-mines, et la mitrailleuse ont augmenté de façon drastique(17).

À ce moment, les groupes de mitrailleurs d'élite *(M.G. Scharfschützen-Trupps)* ont été transformés en détachements *(M.G. Scharfschützen-Abteilung)* et un camp d'entraînement fut mis en place pour ces unités, qui étaient utilisées comme puissance de feu de réserve, pour renforcer les lignes de front et les sections nécessitant leur aide (18).

Ce « Jäger » mort dans un fossé sur le champ de bataille appartenait à une unité de choc ou d'assaut, ce qui est mis en évidence par le sac de grenades toujours accroché à ses épaules. L'équipement éparpillé autour de lui suggère que l'ennemi a fouillé son corps pour trouver des documents permettant de les renseigner sur son régiment ou bataillon. (Bundesarchiv / Bild 104-00981)

Selon la nouvelle tactique défensive connue comme la défense en profondeur, l'infanterie n'avait plus à maintenir chaque pouce de terrain. Les soldats n'avaient plus à se concentrer sur les lignes de front, ce qui les empêchait de devenir des cibles faciles pour l'artillerie ennemie. Les positions sur les premières lignes devaient être occupées par des mitrailleurs, suivis d'une série de points forts, et finalement la ligne de résistance principale serait un peu plus en retrait, préférablement sur une pente inversée, formant plusieurs lignes de tranchées.

C'était sur la dernière ligne, protégée de l'artillerie, que devait se mener le combat défensif final, avec l'infanterie lançant une contre-attaque sur les flancs pour briser la percée ennemie. En d'autres termes, l'idée était de permettre à l'ennemi de percer un trou à l'avant et d'avancer, seulement pour les prendre en tenailles et récupérer le terrain perdu (19).

De plus, la nouvelle doctrine insistait sur l'importance du groupe de combat en tant que formation de base de l'infanterie, en plus d'augmenter les tâches des sous-officiers pour leur permettre de prendre leurs propres décisions lors des combat (20). Les procédures développées par les troupes d'assaut étaient vitales au succès des contre-attaques expliquées dans la nouvelle doctrine. À ce titre, elles étaient chargées de répandre leurs techniques de combat (21) au plus grand nombre de troupes possible, à travers les cours et les bataillons d'assaut permanents (22). Toutefois, les deux seuls bataillons d'assaut existant en 1916 n'étaient pas suffisants pour exécuter ces tâches. En octobre, Ludendorff ordonna la création d'un bataillon ou de deux détachements (chacun avec deux compagnies) pour chaque armée ou corps d'armée (23). Un total de 14 bataillons furent formés lors de l'hiver 1916-1917, tous en état de combattre, mais avec la mission principale de former les autres unites (24).

Préparations pour l'offensive

Au début de 1918, l'Allemagne était au milieu d'une crise sociale, économique, et politique causée par la longue guerre. Toutefois, d'un point de vue militaire, la situation était plutôt favorable. L'armée italienne avait subi une grande défaite lors de la bataille de Caporetto, et l'éclatement de la Révolution russe avait mené à des discussions de paix qui ont mené au Traité de Brest-Litovsk, qui amena la Russie à abandonner la guerre. Cet accord força bientôt la Roumanie à signer le Traité de Bucarest.

À droite : Les membres des *M.G. Scharfschützen-Abteilungen* portaient une insigne ovale avec la silhouette d'une mitrailleuse « MG-08 ». (Archives de l'auteur)

Wasser

Novembre 1917. La photo montre des troupes d'infanterie appartenant probablement au *Reserve-Infanterie-Regiment Nr.120*, utilisant une mitrailleuse « MG.08/15 » dans une tranchée de Cambrai. Au moins trois des cinq hommes portent une cuirasse, un élément d'équipement qui n'était pas prévu à l'origine pour les troupes de mitrailleurs. (Archives de l'auteur)

Le cours des événements a permis au général Ludendorff de concentrer l'effort de guerre sur le front de l'Ouest, où il décida de lancer une grande offensive qui devait être réussie avant que l'intervention des États-Unis dans la guerre (causée par l'offensive sous-marine allemande) ne puisse influencer le résultat (25).

Les préparations pour l'offensive ont commencé en novembre 1917. La partie la plus difficile fut de choisir le lieu où les troupes allaient attaquer. Après avoir rejeté une attaque contre les lignes françaises à Verdun, les organisateurs ont choisi d'attaquer leur ennemi le plus fort : les Britanniques. Deux options ont été considérées : la première consistait à mener une offensive à travers la Flandres, dans le secteur entre Ypres et Lens. La seconde option était d'attaquer au sud, en Picardie, dans ce qui avait auparavant été le champ de bataille de la Somme. La première option était plus sûre stratégiquement, puisqu'avec l'occupation des côtes de la Manche de Nieuport à Calais, les Îles britanniques seraient menaces (26). Cependant, l'offensive devait être lancée avant la fin mars 1918, à un moment où le sol de la Flandres serait recouvert de boue, ce qui risquerait de bloquer l'opération. Ludendorff décida finalement d'attaquer au sud, dans le secteur entre Arras et La Fère, dans un secteur faiblement défendu de la ligne de front britannique, bien que tout le secteur soit parsemé d'obstacles que les Allemands avaient détruits lors de leur retraite de la Ligne Hindenburg (27).

À gauche : Cet officier, appartenant à un regiment d'infanterie, a été photographié à Radinghem, une localité située dans le Nord-Pas-de-Calais, où les Allemands ont combattu contre la 6ᵉ Division d'infanterie britannique au début de la guerre. (Archives de l'auteur)

Des soldats allemands capturés par les forces alliées en 1917. Le soldat à droite, d'une unité bavaroise (ce que l'on voit par les lions décorant les boutons de sa tunique), porte une pièce d'équipement de l'armée allemande qui fournissait une protection contre les intempéries et qui pouvait servir pour monter une tente. (Archives de l'auteur)

Bien que l'objectif final soit de gagner la guerre, il manquait à l'opération une stratégie globale (28). Ludendorff avait basé son plan uniquement sur la supériorité d'une nouvelle tactique qui avait réussi à Riga et Caporetto (29). Toutefois, la seule façon de gagner la guerre était d'arriver à obtenir une victoire stratégique (30) à partir des succès de cette tactique sur le front de l'Ouest, une situation que l'*Adjutant* (Ludendorff) de l'OHL n'avait qu'esquissée. Son intention était d'attaquer et d'ouvrir un trou dans les lignes ennemies, puis, dans ses propres mots « les choses se développeraient » (31). La vision stratégique de Ludendorff était limitée à la prévision que la rupture planifiée dans la ligne de front obligerait le gros de l'armée britannique à battre en retraite au nord, vers la côte de la Manche, et donc, à perdre le contact avec les Français (32). Si cela ne se produisait pas, les Allemands devraient lancer une seconde attaque, dont le succès dépendrait des forces que les Américains auraient emmené en Europe à l'époque (33). En fait, l'un des avantages qu'avaient les Allemands au début de l'offensive était leur supériorité numérique, un résultat du transfert en France de cinquante divisions, dont la plupart venaient des fronts russes et roumains (34).

Dans tous les cas, ces divisions représentaient une masse d'hommes combattants difficiles à remplacer vu la rareté des remplaçants, donc la supériorité numérique des troupes ne résulterait qu'en un avantage à court terme (35). À contrario, l'entrée des États-Unis dans la guerre serait progressivement remarquée à moyen/long terme. L'armée américaine avait trois divisions de déployées près de Verdun en mars 1918 (36). Deux mois plus tard, le nombre de soldats augmenta à 650 000, et, en juin, ce nombre dépassait le million.

À droite : Ce *Feldewebel* porte un pistolet à fusées éclairantes « Heibel » (*Leuchtpistole Heibel*) en se servant de corde pour bandoulière. Ces armes étaient fréquemment utilisées par les troupes de choc et d'assaut comme moyen de communication lors des raids contre les positions ennemies. Par exemple, tirer une fusée pouvait signaler à la prochaine vague de troupes d'assaut d'avancer. (Archives de l'auteur)

À gauche: Les troupes dont le transfert du front de l'Est au front de l'Ouest était en cours. Cette photo montre un sous-officier appartenant aux troupes de chemins de fer de l'armée allemande (*Eisenbahntruppen*), décoré de la Croix de Fer de 2e classe. (Archives de l'auteur)

À droite: Le 9 janvier 1918, un jeune soldat appelé Joseph a écrit la note suivante au dos de cette photo/carte postale: «*Chère mère, votre fils vous envoie ses meilleurs vœux depuis la France hostile [...], si vous le pouvez, s'il vous plaît envoyez-moi une barre de savon. Il n'y a pas moyen d'en obtenir ici, et je ne peux pas me laver...*» (Archives de l'auteur)

L'offensive était prévue pour le 21 mars 1918. La date avait été choisie au début de février, au moment où les négociations avec les Russes pour l'armistice, ainsi que la situation à l'est, étaient toujours imprécises (37). Malgré tout, il n'y avait pas de temps à perdre. La situation domestique en Allemagne se détériorait; une grande partie de la population était touchée par la famine, cette situation ainsi que la menace de l'entrée en guerre des Américains, ont forcé les commandants à commencer l'opération dès que possible.

C'était la première fois depuis 1914 que l'armée allemande avait à rassembler un si grand nombre de troupes (38). Toutefois, il n'était pas possible de former de divisions supplémentaires. La crise de conscription croissante avait complètement épuisé le renfort disponible (a). Vers la fin de 1917, le nombre de nouvelles recrues amenées par la conscription qui allait avoir lieu en 1919 (b) formait une réserve de 650 000 à 700 000 hommes, soit un nombre à peine suffisant pour remplacer les pertes prévues, particulièrement si la première attaque n'était pas réussie (39). Il était aussi impossible de créer de nouvelles divisions à partir des divisions existantes, puisque sauf quelques divisions de Landwehr, elles avaient toutes trois régiments (c). La seule façon d'augmenter le nombre de divisions en France était de les transférer sur d'autres fronts, ce qui n'était possible que par la tournure des événements dans l'est.

(a) La pénurie d'hommes était devenu un grave problème pour l'armée du *Kaiser*. La preuve la plus frappante de ce problème, et l'une des raisons de la défaite allemande, était l'appel anticipé pour les classes mobilisées. La classe de 1915 fut appelée en juillet de la même année, soit quatre à cinq mois avant l'appel habituel en temps de paix. La classe de 1916 était sur le front treize mois à l'avance, en novembre 1915. Après l'appel anticipé de la classe de 1917 en mi-1916, et vers la fin de 1916 de la classe de 1918, les conscrits de la classe de 1919 ont été appelés en mai 1917, soit deux ans et demi avant la date prévue. Ces conscrits étaient très jeunes, donc le commandement avait décidé de les garder aux camps d'entraînement le plus longtemps possible. Ils furent progressivement envoyés sur les premières lignes pour remplacer les pertes en décembre 1917, d'abord en Russie, puis en France.

(b) La classe de 1919 était composée d'environ 400 000 jeunes hommes âgés au maximum de 18 ans et quatre mois et demi. Le reste d'entre eux étaient des hommes guéris de maladies ou de blessures, des hommes venus des prisons militaires, et des hommes qui avaient été exemptés de service grâce à leur travail pour l'industrie militaire, ou dont le sursis avait expiré.

(c) En août 1914, les divisions d'infanterie, soit les plus grandes unités de l'armée allemande, étaient composées de quatre régiments d'infanterie organisés en deux brigades. En janvier 1915, de nouvelles divisions formées d'une seule brigade faite de trois régiments ont été créées. La rareté des hommes et des ressources matérielles n'a pas permis de maintenir la structure initiale, et, dans le futur, les nouvelles divisions ne devaient avoir qu'une seule brigade. La nouvelle organisation envisagea aussi de réduire le nombre de régiments de quatre à trois dans les divisions qui avaient gardé la structure précédente, et d'utiliser le régiment enlevé pour créer de nouvelles unités. Cette restructuration des divisions, promue par le colonel von Wrisberg, permit d'augmenter le nombre de divisions. Selon les données du général Buat, il y avait 138 divisions en décembre 1914. Un an plus tard ce nombre passa à 172; à la fin de 1916, il y en avait 209, et en octobre 1917, ce nombre avait atteint 238. À partir de ce moment, l'augmentation cessa, avec un total de 240 divisions (251 selon certaines sources) existantes en mai 1918. Par la suite, ce nombre ne cessa de diminuer au fur et à mesure que la guerre progressait, puisque certaines divisions devaient être dissoutes pour remplacer les hommes tombés au combat. Deux divisons ont été dissoutes en mai 1918, douze en août, et quatre en octobre. Deux mois avant l'armistice, l'armée allemande avait 213 divisions actives, dont la plupart avaient diminué en qualité au cours de la guerre.

Vue d'un détachement de mitrailleurs d'élite (*M.G. Scharfschützen-Abteilungen*) s'entraînant pour la grande offensive qui commença le 21 mars 1918. (Archives de l'auteur)

À la mi-novembre 1917, un grand nombre de divisions d'Italie, de Serbie, de Russie, et de Roumanie qui devaient participer à l'opération ont commencé à arriver en France (41). Le transfert des troupes (41 divisions du front Russo-Roumain, huit d'Italie, et une de Serbie) a augmenté au début du mois de mars de l'année suivante, après la signature du Traité de Brest-Litovsk, puisque l'effort de guerre pouvait être concentré sur le front de l'Ouest. Bien que les chiffres ne soient pas constants, le nombre de divisions sur le front de l'Ouest est passé de 147 (42) en octobre 1917 à 197 en mars 1918 (43). Les meilleurs soldats qui étaient restés en Russie ont aussi été transférés en France. Le nombre total de troupes transférées de l'Est est d'environ 800 000 hommes. (44)

Les forces adverses avaient 172 divisions, dont 97 françaises, et le reste appartenant à la Grande-Bretagne, à la Belgique, aux États-Unis, et au Portugal (45). Le général Ludendorff voulait tirer avantage de la supériorité numérique de ses armées avant que les troupes américaines n'arrivent sur les lignes de front en nombre, ce qui ferait pencher la balance contre l'Allemagne (46).

L'opération devait prévenir la répétition de batailles d'usures comme celles qui avaient eu lieu à Verdun et dans la Somme, et tenter de camoufler la progression de l'offensive autant que possible, pour obtenir un effet de surprise stratégique (47). En même temps, les troupes reçurent un entraînement intensif pour améliorer leurs compétences au combat. Alors que, l'année precedente, les troupes avaient reçu un entraînement aux tactiques défensives, une nouvelle doctrine offensive fut transmise à l'armée durant l'hiver 1917-1918, décrite dans un manuel intitulé *Der Angriff im Stellungskriek* (48) *(L'attaque dans la guerre de position)* (d). Une partie de ce manuel avait été inspirée par la *Stosstrupptaktik*, bien que partiellement modifiée, ainsi que dans les leçons reçues de la conquête du port fortifié de Riga, où les nouvelles méthodes de combat avaient réussi pour la première fois, et plus tard avaient été utilisées lors de la bataille de Caporetto et dans la contre-attaque de Cambrai.

À gauche : Préparatifs pour l'offensive. La photo montre une unité d'infanterie armée d'un lance-mines léger appelé « leichter Minenwerfer auf Flachbahn Lafette », un canon de 7,58 cm utilisé comme arme anti-char. Les soldats ont démonté le canon pour franchir un mur. (Archives de l'auteur)

(d) Ce manuel a été publié le 1er janvier 1918, et fut plus tard complété et remanié avec plusieurs mémos de l'OHL.

À gauche : Le général Oskar von Hutier, cousin du général Ludendorff, était un officier prussien à la tête du XXIe Corps sur le front de l'Est en 1915. Deux ans plus tard, on lui donna le commandement de la 8e Armée, qui mena la conquête de Riga avec l'utilisation des tactiques d'infiltration. Il fut plus tard transféré sur le front de l'Ouest pour participer à la grande offensive de mars 1918, et commanda la 18e Armée nouvellement créée. (Archives de l'auteur)

Ces méthodes de combat étaient souvent appelées « tactiques d'infiltration » ou « tactiques Hutier », bien que les Allemands n'aient jamais utilisé cette terminologie. Le terme le plus fréquemment utilisé était *Zusammenwirken,* brièvement traduit comme interaction, coopération, ou action simultanée. En fait, les procédures tactiques qui allaient être utilisées dans l'offensive étaient basées sur l'élément de surprise et la coopération étroite entre les différentes armes, particulièrement entre l'infanterie et l'artillerie.

Il y a deux noms rattachés aux tactiques d'infiltration : le général Oskar von Hutier et le colonel Georg Bruchmüller. Alors que von Hutier a perfectionné une méthode pour attaquer les positions ennemies, Bruchmüller a entrepris une série de modifications importantes de l'utilisation de l'artillerie. La contribution des deux hommes à ces tactiques ne trouvait pas ses racines uniquement dans leur propre expérience, mais aussi dans les rapports d'autres hommes, comme les officiers d'artillerie Marx et Pulkowski, ou encore le capitaine français André Laffargue, qui mena une étude (e) sur la manière dont l'infanterie devait s'adapter au nouvel environnement imposé par la guerre de tranchées. (49) En fait, aucune des mesures décrites dans les tactiques d'infiltration n'était nouvelle. La véritable innovation constituait dans l'utilisation coordonnée à grande échelle de l'infanterie ordinaire, de l'artillerie, et des troupes d'assaut, résultant en un système compact ce qui signifiait une modification fondamentale des tactiques de combat utilisées à l'époque. (50)

Le général Ludendorff savait que toutes ses forces ne pouvaient pas être à la hauteur lors de la bataille décisive qui allait avoir lieu. Le moral de l'infanterie avait été gravement atteint à cause de la durée de la guerre. La pénurie d'effectifs avait forcé la mobilisation de jeunes recrues et la rétention des plus vieux, alors que la plupart des troupes ne recevaient que rarement un entraînement adéquat vu la nécessité d'envoyer des hommes sur les premières lignes pour remplacer ceux qui étaient tombés. Une ligne de ravitaillement stable ne pouvait pas être garantie, et toutes les unités ne pouvaient être adéquatement équipées. Par conséquent, l'*Adjutant* de l'OHL décida de réorganiser ses forces en administrant les meilleures ressources aux divisions qui allaient mener l'attaque. (51)

Au début 1918, ou peut-être avant (52), plusieurs divisions furent retirées de la première ligne pour être renforcées et recevoir un nouvel entraînement sur les procédures tactiques de l'armée allemande (53). Cette mesure affecta de 50 à 60 divisions, sélectionnées pour mener l'attaque, et qui allaient bientôt être connues sous le nom de « divisions d'attaque » *(Angriffdivisionen).* Le reste des forces déployées étaient connues comme des « divisions de tranchées » *(Stellungsdivisionen).* (54) Ce groupe incluait les unités qui ne pouvaient pas mener le type de combat requis par les nouvelles tactiques (55), principalement à cause du manque d'hommes et de ressources. La pénurie d'hommes, cumulée au manque de chevaux, de camions, de pneus, et de carburant, a forcé la distribution des ressources et des meilleures troupes aux formations d'attaque. (56) Toutefois, les « divisions de tranchées » avaient une valeur inégale, alors que les *Landwehr*, *Ersatz,* et certaines divisions de réserve ne pouvaient jouer qu'un rôle secondaire, d'autres divisions avaient une expérience défensive solide et étaient prêtes à prendre part à la bataille à venir, bien que leur rôle soit différent des *Angriffdivisionen.* (57)

La plupart des « divisions d'attaque » avaient participé à des opérations d'envergure en 1916 et 1917. Les ressources telles que les rations, munitions, canons d'infanterie, mitrailleuses, lance-flammes, équipement de terrain, camions, et plus de 14 000 chevaux (58) ont été distribuées parmi ces unités. Les divisions ont été renforcées par davantage d'artillerie,

(e) Les travaux de Laffargue, publiés en 1916 sous le titre *« Étude sur l´attaque dans la période actuelle de la guerre »*, sont tombés entre les mains d'agences de renseignements allemandes. Toutefois, ils n'ont que peu influencé les tactiques offensives alliées, bien que le général français Robert Nivelle ait essayé de modifier la doctrine de combat de l'armée française au début de 1917 en se basant sur ce pamphlet.

de même que de troupes techniques et de troupes de soutien ; un second régiment d'artillerie de terrain, de même qu'une troisième compagnie de sapeurs et un groupe d'artillerie lourde ont été ajoutés à chaque division. (59) Plus de troupes ont aussi été ajoutées pour obtenir une puissance nominale, bien que certains bataillons d'infanterie avaient des régiments formés de trois compagnies seulement. (60)

La dernière offensive majeure de l'armée allemande avait eu lieu lors de la bataille de Verdun au début de 1916. La plupart des actions offensives avaient consisté en contre-attaques pour restaurer la ligne de front, souvent avec l'assistance de troupes de choc et d'assaut. En revanche, la stagnation de la guerre avait causé la perte de manœuvrabilité de la majorité des plus grandes unités. Il était nécessaire de restaurer la capacité d'attaque, et d'enseigner à ces forces les leçons apprises lors de trois années de guerre. Les même troupes qui avaient dû s'adapter à la guerre de tranchée en 1914-1915 ont dû s'entraîner au début de 1918 pour une offensive qui allait ramener la mobilité sur le champ de bataille. (61)

L'entraînement des « divisions d'attaque » eut lieu dans différents camps le long d'une bande de terre s'étendant de la Belgique à l'Alsace, dans des endroits près de Courtrai, Valenciennes, Sedan, Mézières, ou Hirson. Les troupes suivaient un programme d'entraînement de quatre à cinq semaines qui comprenaient des manœuvres de tir pour améliorer leurs méthodes de combat. (62) L'entraînement avait lieu à tous les niveaux, des compagnies aux divisions, et comprenait les régiments et les bataillons, et ces derniers étaient renforcés par des canons enlevés aux groupes d'artillerie pour servir de canons d'infanterie. (63) L'emphase lors de l'entraînement était placée sur la coopération entre l'infanterie et l'artillerie. Cet entraînement insistait aussi sur l'importance de garder la première ligne de front flexible, avec des formations armées de mitrailleuses légères, bien qu'elles pouvaient être soutenues par des mitrailleuses lourdes et des lances-mines légers. Les formations choisies pour remplir cette fonction étaient les groupes de fusiliers et de mitrailleurs, composés d'un petit nombre d'hommes qui recevaient un support mutuel en traversant le *no man´s land* et en avançant en profondeur. Le programme d'entraînement comptait sur le rôle important des sous-officiers, qui devaient prendre des décisions sur le champ de bataille, et sur l'utilisation appropriée du fusil, des grenades à main, de la mitrailleuse, et du lance-mines par les troupes. Il était également nécessaire pour l'infanterie d'apprendre comment combattre en utilisant le terrain à son avantage pour se protéger et se camoufler, comment pénétrer les lignes ennemies, et consolider les positions prises. L'idée générale était d'enseigner aux troupes les méthodes de combat développées par les troupes d'assaut. (64)

Un canon de campagne « FK 96 n/A » (*Feldkanone 96 neuer Art*) tiré par des chevaux. Les « divisions d'attaque » ont reçu un total de 14 500 chevaux. (Archives de l'auteur)

Cette arme est un lance-mines appelé *leichter Minenwerfer auf Flachbahn Lafette*, une arme d'artillerie légère introduite à la fin de 1917. (Archives de l'auteur)

La tactique d'avancée en profondeur pour permettre des attaques continues des troupes d'infanterie se soutenant mutuellement n'était pas limitée au groupe de combat, qui était devenu l'unité de combat de base de l'armée allemande. Cette tactique devait être étendue à la division entière, pour qu'elle puisse combattre autant que possible sans avoir besoin de renforts. (65) En fait, lors des exercices de préparation à l'offensive utilisant la division entière, les déploiements consistaient en un positionnement de deux régiments en ligne, avec le troisième régiment en réserve. Les bataillons et les compagnies avaient aussi des troupes déployées en profondeur. Les bataillons plaçaient deux ou trois compagnies à l'avant, et le reste demeurait à l'arrière. En même temps, les compagnies à l'avant plaçaient une section en retrait et les deux autres se plaçaient à l'avant, avec les groupes de combat éparpillés le long de la ligne. Ce type de déploiement était l'opposé des tactiques de masse de l'ennemi, et permettait aux Allemands de conserver une ligne relativement mince, avec un petit nombre de troupes constamment renforcé par des troupes placées en profondeur. (66)

Lors de l'offensive, l'infanterie serait assistée de l'artillerie, de chars, et de l'armée de l'air. Cette dernière était un élément-clé de la nouvelle doctrine tactique. Les escadrons de vol pour les attaques au sol *(Schlachtstaffeln)* utilisaient des avions comme le *Junkers CL-1*, et décollaient des bases aériennes situées derrière les « divisions d'attaque », dans le but de bombarder l'ennemi à basse altitude et d'atteindre les positions ennemies, mais aussi leurs dépôts, centres de communication, et leurs lignes de ravitaillement. (67) L'armée de l'air contribua aussi à l'offensive en performant des missions de reconnaissance et des photographies aériennes. Elle formait aussi une partie importante du plan de diversion en survolant différent secteurs, pour tenter de tromper l'ennemi. (68)

Les préparatifs ont été faits dans le plus grand secret pour obtenir une surprise stratégique. (69) L'ennemi savait que les Allemands rassemblaient ses forces pour organiser une action décisive à tout moment. L'OHL planifia une diversion pour faire croire aux alliés que l'attaque allait avoir lieu ailleurs sur le front. Le général Ludendorff a écrit concernant ce plan (70) :

« Il fut difficile de décider où attaquer, mais il était nécessaire de le faire tôt. Cela prit des semaines, et nécessita un travail préliminaire considérable pour concentrer les troupes dans un espace restreint,

Le « Junkers CL-1 » était un avion d'attaque au sol dont les ailes et le fuselage étaient recouverts de plaques de duralium ondulées. (Archives de l'auteur)

amener par train une quantité impressionnante de munitions et de provisions de toutes sortes, effectuer le travail des troupes elles-même, comme préparer le positions des batteries, construire des abris anti-aériens, préparer le matériel pour traverser les tranchées, et finalement se déployer pour la bataille. Bien sûr, tout cela augmentait les risques d'être découvert. Il était donc nécessaire de commencer des travaux loin du point d'attaque qui, en fait, ont servi comme base d'offensive plus tard. Mais le gros des troupes d'ouvriers était demandé sur le front d'attaque au plus tôt. Les préparatifs sur les autres fronts ne pouvaient pas être extensifs. Toutefois, il y avait une chance de tromper l'ennemi, et la diversion devait être complétée avec des mesures défensives, en ne permettant pas l'accès aux chantiers au personnel non-autorisé. »

Ces mesures de diversion ont réussi au point de faire relocaliser les troupes de réserve ennemies un autre endroit du front. (71)

Le rôle du char

Pour les Allemands, le rôle du char était secondaire. Le général Ludendorff ne croyait pas en cette arme, bien qu'il ait affirmé que son devoir soit de fournir aux troupes qui allaient faire partie de l'offensive « *tout ce qui pouvait les aider à faire leur travail et sauver les vies des troupes d'infanterie* ». (72) En fait, depuis septembre 1917, un nombre de détachements de blindés avait été formé, certains avec des modèles A7V, et le reste avec des chars britanniques, la plupart capturés lors de la bataille et de la contre-attaque de Cambrai.

L'A7V, le seul char allemand qui ait été en action lors de la guerre, était un gros véhicule blindé avec un canon à l'avant et six mitrailleuses MG.08 situées à l'arrière et sur les côtés. Le canon était un *Maxim-Nordenfelt* 5,7 cm à tir rapide, fait en Belgique sous brevet britannique, que les Allemands possédaient en nombre après avoir capturé les points forts belges et russes au début de la guerre. L'équipage s'élevait généralement jusqu'à 21 hommes, confinés dans un espace restreint bruyant, très chaud, rempli de la fumée du moteur et des projectiles, ce qui rendait la tâche des hommes presqu'insoutenable. Le conducteur et le commandant se tenaient dans une cabine au milieu du véhicule. Douze soldats d'infanterie devaient s'occuper des mitrailleuses, alors que deux ou trois hommes s'occupaient du canon et du chargement. L'équipage était complété par deux ou trois mécaniciens et un radio. (73)

« A7V Sturmpanzerwagen » 563 « Wotan. » Stuka 2. Nord de la France, juin/juillet 1918. (Illustration de Carlos de Diego)

« Schwerer Kampfwagen (Beute) » 117 « Dora » Abt. 11. Reims (France), 1er juillet 1918. (Illustration de Carlos de Diego)

« A7V Sturmpanzerwagen » 540. Stuka 1. Cambrai (France), 30 octobre 1918. (Illustration de Carlos de Diego)

« A7V Sturmpanzerwagen » avec un châssis No. 560, photographié avant la Bataille de Villers-Bretonneux, qui eut lieu le 21 avril 1918, près d'Amiens (France). Durant cette bataille, eut lieu le premier combat char contre char de l'Histoire. (Archives de l'auteur)

Trois détachements de chars d'assaut ont été créés autour du char A7V, appelé *Stuka*, l'abréviation de *Sturm-Panzerkraftwagen-Abteilungen*. Les *Stuka 1* et *2* ont été créées le 29 septembre 1917, alors que la *Stuka 3* fut créée le 9 novembre. (74) La plupart des chars de l'armée allemande étaient des chars capturés, qui étaient utilisés pour créer des détachements de véhicules blindés appelés *Beutekampfwagen-Abteilungen*. Un total de six détachements de ce type ont été créés. Les deux premiers (*Abteilungen 11* et *12*, ou *Abt. 11* et *12*) ont été créés en mars 1918, et le reste a été créé après le début de l'offensive, en avril *(Abt. 13)*, mai *(Abt. 14)* et août (*Abt. 15* et *16*) 1918. (75)

Le char était une arme de combat rapproché, utilisé pour soutenir les troupes d'assaut en éliminant les obstacles, les mitrailleurs, et les autres points de résistance qui pouvaient ralentir la progression de l'infanterie. Voilà pourquoi les équipages s'entraînaient avec les troupes d'assaut, comme c'était le cas pour la *Stuka 1*, qui était le plus ancien détachement de blindés. Avant sa première mission de combat (le 21 mars 1918), la *Stuka 1* fut envoyée à Beuveille pour s'entraîner avec l'un des demi-bataillons (*Halbbataillonen*), dans lequel le *Sturmbataillon Nr.5* « *Rohr* » avait été divisé avant le début de l'offensive. L'entraînement eut lieu avec la moitié du bataillon assigné à la *36.Infanterie-Division*, alors que l'autre moitié était assignée à la *50.Infanterie-Division*. (76)

L'entraînement se concentrait sur la coordination entre les chars et les troupes, en insistant sur la nécessité de coopérer en tout temps. Les officiers responsables des attaques de blindés devaient informer les commandants de chars à l'avance du type de soutien qui serait nécessaire, comme ils n'avaient pas la possibilité d'observer la situation à l'intérieur de leur véhicules. Lorsque l'attaque des troupes d'assaut ou de choc bloquait à cause de la résistance ennemie, les chars devaient continuer à avancer pour neutraliser, ou au moins affaiblir, les poches de résistance. Si un char s'arrêtait à cause d'une panne mécanique, l'équipage devait faire tout le nécessaire pour le réparer. Si la réparation était impossible, le char devait être détruit et l'équipage devait prendre les armes et continuer à se battre. (77) Pour cela, les équipages de char recevaient une formation pour agir en tant que troupe de choc si leur char venait à tomber en panne, et s'ils devaient l'abandonner en plein combat.

Le personnel des détachements de char n'avait pas d'uniforme particulier. Ces unités étaient composées de volontaires des troupes motorisées (*Kraftfahrtruppe*) et d'unités d'artillerie, de mitrailleurs, et de sentinelles. Apparemment, les officiers portaient les uniformes de leurs unités d'origine, alors que la plupart des hommes enrôlés portaient l'uniforme des *Kraftfahrtruppen*. Cette photo montre un officier d'une troupe motorisée, comme le montre la lettre « K » sur la patte d'épaule de sa tunique 1916. (Archives de l'auteur).

Vue d'un *Beutepanzer* (char de prise) d'un détachement de chars capturé lors d'un entraînement de troupes d'assaut et d'unités de lance-flammes. Les détachements de chars recevaient un entraînement spécialisé pour l'offensive. (Bundesarchiv/Bild 103-254-042)

Mai 1918. « Fritz » était le char No.5 de l'*Abt.14*, un détachement de chars capturés créé après le début de l'offensive. À l'avant-plan, on voit les membres d'un *Kleiftrupp* armés du « Wechselapparat Flammenwerfer ». (Bundesarchiv / Bild 183-S00625)

L'artillerie de tranchées était armée de lance-mines légers, moyens, et lourds. En 1918, les pièces légères étaient en appui des sections des bataillons d'infanterie, alors que les armes moyennes et lourdes dépendaient des bataillons de sapeurs, assignés aux bataillons d'infanterie en janvier 1917. Cette photo montre un lance-mines moyen de 17cm en action. (Archives de l'auteur)

L'artillerie

L'artillerie allait également jouer un rôle fondamental dans l'offensive. Au début de 1918, un nombre de régiments d'artillerie fut transféré à l'arrière pour recevoir un entraînement en suivant les méthodes développées par le colonel Bruchmüller sur le front de l'Est. L'effet de surprise était essentiel, et la tactique consistait en un barrage d'artillerie court, mais violent, auquel s'ajoutait l'utilisation de projectiles chimiques. Les méthodes Bruchmüller comprenaient aussi la mise en place d'une barrière de feu mobile en utilisant une approche scientifique du mouvement. Une nouvelle technique, perfectionnée par le capitaine Pulkowski, était enseignée aux unités d'artillerie avant l'attaque, et permettait aux pièces d'artillerie de marquer sans tirs de correction. (78)

Les offensives précédentes avaient comporté de longs préparatifs de l'artillerie qui avaient annoncé le moment et l'endroit de l'attaque, ce qui élimina l'élément de surprise et permit aux troupes ennemies de rassembler des troupes de réserves et de lancer des contre-attaques. Par exemple, lors d'une opération en Champagne en 1915, 1 000 pièces d'artillerie ont monté un barrage qui dura trois jours avant que l'infanterie ne mène son attaque. (79) Encore plus de pièces d'artillerie ont été rassemblées lors de l'offensive de la Somme en 1916, où les bombardements d'artillerie ont duré sept jours. (80) Les actions dans l'Aisne, en Flandres, et à Verdun qui se sont déroulées durant le printemps et l'été 1917 (81) comprenaient aussi de longs barrages d'artillerie, particulièrement en Flandres, où l'attaque de l'infanterie fut précédée de deux semaines de bombardements. (82) D'autre part, lors de la conquête de Riga, l'artillerie de la *8. Armee* du général von Hutier était sous le commandement de Bruchmüller et les préparatifs de l'artillerie ne durèrent que cinq heures. Dans ce cas, l'objectif de l'artillerie allemande était de neutraliser les troupes ennemies, plutôt que de détruire leurs défenses. Un feu destructeur demandait de longs préparatifs, puisque l'annihilation de positions ennemies était une tâche longue et difficile, tandis qu'un feu neutralisant exigeait des projectiles chimiques, et nécessitait l'intervention de l'infanterie immédiatement après le barrage, pour tirer avantage des effets des substances lancées par les munitions. (83)

À gauche: Un *Vize-Feldwebel* du *Fussartillerie-Regiment Nr.26*, un régiment composé de trois bataillons qui fut créé au début de 1917. Les pattes d'épaule de son uniforme d'artillerie de campagne (*Feldartillerie*) montraient des grenades jaunes, alors que les pattes d'épaule de l'artillerie lourde (*Fussartillerie*) consistaient en deux projectiles enflammés en croix. (Archives de l'auteur)

Vue d'un canon SLK (*Schnelladekanone*) 15 cm envoyant des obus chimiques. Les projectiles remplis de substances toxiques étaient utilisés pour neutraliser les troupes ennemies. (Archives de l'auteur)

Les premières armes chimiques étaient des irritants qui provoquaient des éternuements, des larmes et des maux de gorge. Plus tard, des agents toxiques hautement poisons ont commencé à être utilisés, capables de causer la mort en quelques minutes. L'importance de ces armes dépendait moins des pertes qu'elles pouvaient entraîner que de leur capacité d'interrompre le combat chez l'ennemi. La simple présence de gaz, où même la rumeur de leur utilisation imminente, semait la panique dans les rangs, et les masques à gaz réduisaient la mobilité des soldats, ainsi que leur capacité de fournir des efforts physiques. (84) En somme, les armes chimiques n'avaient un pouvoir incapacitant seulement lors d'un moment spécifique, ce qui explique pourquoi le bombardement de ces projectile était appelé « barrage neutralisant ». (85) Bien que ce soit les Français qui aient utilisé ce barrage pour la première fois, ce sont les Allemands, en particulier le colonel Bruchmüller, qui l'ont perfectionné et l'ont utilisé dans le contexte de tactiques d'infiltration.

Bruchmüller perfectionna aussi ce que les Français appelaient le « barrage roulant » et que les Allemands appelaient *Feuerwalze*. Il fut utilisé pour la première fois au début de la bataille de la Somme, en été 1916. (86) Il consistait en l'établissement d'un barrage devant l'infanterie, pour couvrir l'avancée à travers le *no man's land*. La méthode était assez compliquée, puisqu'elle demandait une coordination parfaite de l'artillerie et de l'infanterie. Si le barrage n'était pas assez près des troupes, l'effet de surprise se dissipait, et si il était trop court, les troupes pouvaient souffrir des bombardements de leur propre artillerie. (87)

À droite : Le masque à gaz consistait en un masque et un cylindre métallique avec des substances filtrant l'air. L'utilisation de différents gaz mena à l'introduction de différents modèles de masques à gaz. Le masque caoutchouteux initial mena aux masques de caoutchouc, puis au masque de cuir recouvert d'huile minérale. Il y avait également différents types de filtres pour une meilleure protection contre divers agents chimiques. Alors que les premiers modèles protégeaient l'utilisateur du chlore, les modèles suivants offraient une protection contre le phosgène, la chloropicrine, et le cyanure d'hydrogène. (Archives de l'auteur)

Les troupes sur la photo remorquent un lance-mines moyen de 17 cm lors des entraînements pour la grande offensive. Cette arme, appelée « mittlerer Minenwerfer n/A », nécessitait une équipe de 17 hommes. (Archives de l'auteur)

Au début de mars 1918, l'OHL quitta Kreuznach (où il était basé depuis plus d'un an) pour aller à Spa, bien que Ludendorff et Hindenburg aient établi leurs quartiers dans le secteur d'Avesnes, avec les Branches d'Opérations augmentées, où ils pouvaient suivre la bataille de près. (88) Le général Ludendorff était au courant du grand nombre de pertes qui allaient survenir, particulièrement au sein des « divisions d'attaque », comme elles porteraient le gros du poids de l'offensive. En dehors du point de vue moral, ces victimes représenteraient une perte irremplaçable. Les « divisions d'attaque » avaient été formées aux dépens du reste de l'armée. À part ces divisions, le reste de les divisions allemandes avait à peine suffisamment d'hommes et de ressources pour appliquer ces nouvelles tactiques. Il était impératif pour les « divisions d'attaque » de frapper un coup décisif avant l'arrivée des forces américaines. Si elles échouaient, l'Allemagne ne pourrait pas tenir beaucoup plus longtemps. (89)

À gauche : Un sous-officier d'infanterie pose pour le photographe. Notez l'étui en cuir pour le pistolet « Parabellum P 08 », une arme chère à fabriquer qui était devenue l'un des symboles du soldat allemand. (Archives de l'auteur)

L'opération commença le 21 mars, selon l'horaire prévu. À 4h40, plus de 6 000 pièces d'artillerie ont ouvert le feu sur les forces britanniques éparpillées autour de Saint-Quentin. Le barrage roulant commença à 9h30. Une minute plus tard, les troupes d'assaut, suivies des troupes de choc, ont quitté leurs positions pour traverser le *no man's land* et infiltrer les lignes ennemies. Finalement, les troupes d'infanterie ont commencé à avancer. La grande offensive allemande, au nom de code « Michael », mais généralement appelée *Kaiserschlacht*, avait finalement commencé après des mois de préparatifs longs et pénibles. Quatre offensives prendraient place après cette opération, la dernière en juillet 1918. (90)

Tactiques d'infiltration

Le 1er septembre, la *8. Armee* du général von Hutier lança une attaque contre la 12e Armée russe près de la ville de Riga, un point stratégique important situé au sud de Petrograd. Le plan allemand était de traverser la Dvina, de prendre la ville de Riga, et d'avancer jusqu'à Petrograd. (91)

L'empereur Wilhelm II passant en revue les troupes du *Grenadier-Regiment Prinz Carl von Preussen (2. Brandeburgisches) Nr 12*. La photo a été prise au palais de Passariano (aujourd'hui connu comme la Villa Manin di Passariano) à Udine (Italie) le 14 novembre 1917, quelques jours avant la fin de la bataille de Caporetto. (Archives de l'auteur)

L'opération commença avec de lourds bombardements préparatoires, où l'artillerie de Bruchmüller utilisa des projectiles de gaz moutarde. (92) Cinq heures plus tard, les troupes de choc, de pair avec des éléments du *18.St.K.*, traversèrent le fleuve et ont occupé la berge nord. Les sapeurs ont ensuite construit un pont flottant qui fut utilisé pour faire traverser plusieurs divisions d'infanterie. Trois jours plus tard, les Allemands sont entrés dans Riga et ont pris le port, après quoi ils ont poursuivi le reste des forces ennemies. Pendant ce temps, le plan de la conquête de Petrograd a été abandonné après les nouvelles de la chute imminente du gouvernement provisoire de Kerensky. (93)

La conquête de Riga fut l'une des victoires les plus spectaculaires et décisives de la guerre, malgré le fait qu'elle ait été obtenue sur un ennemi fatigué et démoralisé. (94) Par conséquent, l'OHL décida d'envoyer Hutier et Bruchmüller sur le Front de l'Ouest pour briefer les forces qui allaient prendre part à l'offensive du 21 mars sur les méthodes qu'ils avaient utilisées dans l'opération de Riga.

Les tactiques d'infiltration ont été utilisées pour la première fois à Riga. Ces tactiques se sont encore une fois révélées efficaces en 1917, lorsque le général Otto von Bellow les utilisa lors de la bataille de Caporetto, et infligea un grand coup aux Italiens. Peu après, le général Georg von der Marwitz lança une contre-attaque à Cambrai en utilisant ces tactiques, et réussit à récupérer tout le territoire perdu les jours précédents. (95)

Ces tactiques se sont développées à partir du besoin de mettre fin au marasme imposé par la guerre de tranchées. Les Alliés les ont appelées les « Tactiques Hutier », attribuant à ce général l'invention de ces méthodes. En vérité, aucune des méthodes utilisées à Riga n'était réellement originale. Ce que le général Hutier réussit lors de l'opération de Riga fut d'utiliser une série de procédures déjà développées par d'autres stratèges, mais à plus grande échelle. (96)

À droite : Palais de Passariano, 14 novembre 1917. Le *Kaiser* Wilhelm II et le *General der Infanterie* Otto von Bellow (à gauche), architecte de la victoire allemande de Caporetto. (Archives de l'auteur)

Les armes les plus lourdes de l'artillerie étaient les obusiers 15 cm et les mortiers 21 cm. Il y avait trois modèles de mortiers, appelés « Mörser 99 », « Mörser 10 » et « Mörser 16 ». La photo montre un « Mörser 16 ». Ils étaient fabriqués par « Krupp » et ajoutés à l'arsenal de l'artillerie en 1910. (Archives de l'auteur)

Les tactiques d'infiltration demandaient une étroite collaboration de l'infanterie, de l'artillerie, des troupes d'assaut, et des troupes de choc. L'objectif était de neutraliser et d'isoler l'ennemi en faisant preuve de plus d'habileté et avec une puissance de feu supérieure. La rapidité et la surprise étaient les éléments-clés de ces tactiques. Le sous-officier devait également faire preuve de beaucoup d'initiative, puisqu'une chaîne de commandement rigide pourrait suspendre l'attaque.

L'attaque commençait avec un bombardement préliminaire de l'artillerie court, précis, et rapide, qui comprenait l'utilisation d'explosifs et de gaz toxiques pour neutraliser les secteurs où la frappe allait avoir lieu. Ensuite, des groupes éparpillés, généralement composés de troupes d'assaut, traversaient le *no man's land*, généralement protégés par un barrage roulant, s'emparaient des tranchées ennemies aux points faibles préalablement définis. Ces troupes devaient atteindre les postes de commandement ainsi que l'artillerie ennemie, ce qui signifiait qu'elles devaient avancer rapidement, et éviter d'engager l'ennemi autant que possible en laissant des points de résistance derrière. Les troupes de choc, armées de mitrailleuses et de lance-mines, avançaient immédiatement après les troupes d'assaut, pour s'occuper des points de résistance que ces dernières avaient évité. Pendant ce temps, les unités d'infanterie avançaient un peu plus à l'arrière. S'il restait des points de résistance, l'infanterie, avec ses propres armes de soutien, les neutraliserait.

En bref, voilà le système utilisé pour pénétrer les lignes ennemies et s'emparer de leurs positions. L'idée était de vaincre en isolant et en encerclant l'ennemi, plutôt qu'en engageant des combats rapprochés individuels. Les Allemands pensaient que ces tactiques d'infiltration allaient finalement leur permettre de vaincre une coalition qui, contrairement à eux, avait beaucoup plus de ressources humaines et matérielles. (97)

Les méthodes Bruchmüller

Le but de ces méthodes était de neutraliser l'ennemi en se basant sur l'effet de surprise. Cela n'était pas seulement atteint en gardant secret les préparatifs de l'attaque, mais aussi avec les courts barrages d'artillerie préliminaires, ainsi que l'ajustement du tir basé sur les méthodes scientifiques.

À droite : Lors de l'offensive, l'on décida que les casques devaient être peints avec un motif de camouflage à trois couleurs. Cette décision fut exprimée par un ordre de l'OHL donné en juillet 1918. (Archives de l'auteur)

CASQUE D'ACIER PEINT AUX MOTIFS DE CAMOUFLAGE ("MIMIKRY STAHLHELM")

La surface extérieure polie du casque d'acier réfléchissait la lumière. Différentes solutions furent envisagées pour empêcher ces reflets, qui divulguaient la position de celui qui le portait, telles que de les salir, ou de les recouvrir d'un tissu semblable à celui utilisé pour les sacs de grenades. Une autre solution, adoptée en 1918, était de peindre les casques avec des motifs géométriques de camouflage en brun, vert, et jaune foncé, séparés d'une large ligne noire. Cette peinture, appliquée à la main sans patron défini, était aussi utilisée sur les canons de campagne, les lance-mines, et les véhicules. (Collection Overlord 1944)

L'artillerie à haute puissance était composée de canons à gros calibres et d'obusiers. Sur la photo, un groupe d'artilleurs s'apprête à charger un canon « SK L/45 » 38 cm, le plus gros des canons ferroviaires de l'armée allemande. (Archives de l'auteur)

Les tirs préliminaires de l'artillerie étaient de plus en plus court, au fur et à mesure que la guerre avançait. En fait, aucun de ces bombardements qui ont précédé les cinq attaques successives de 1918 n'a duré plus de cinq heures, ce qui fut favorisé par l'utilisation d'obus chimiques, de pièces d'artillerie à tir rapide, et par le fait que ces attaques incluaient un grand nombre de pièces d'artillerie, parfois plus de trente par kilomètre dans les secteurs sélectionnés. Le rassemblement de données atmosphériques, topographiques, et balistiques pour calculer la trajectoire des obus était aussi un aspect important de ces méthodes. Ces bombardements préparatoires pouvaient être exécutés sans observations et sans tirs de correction, ce qui contribua à diminuer la durée des barrages préliminaires et à accroître l'effet de surprise. (98)

Une planification si détaillée nécessitait un commandement centralisé et des directives claires pour l'action combinée de toutes les armes. Chaque unité devait savoir exactement quel était son travail, et chaque aspect de l'opération était programmé pour rendre l'artillerie la plus efficace possible. De plus, une coopération étroite avec l'infanterie était nécessaire, puisque l'intervention de l'artillerie avait lieu pour soutenir l'attaque de l'infanterie. À ce niveau, l'importance des postes avancés et des escadrilles de liaison était capitale pour obtenir le plus de renseignements possibles sur la progression de l'attaque, ainsi que sur les endroits où l'artillerie était le plus nécessaire. (99)

Selon les méthodes Bruchmüller, les tirs préliminaires se faisaient en trois phases, dans lesquelles l'artillerie était organisée en groupes spécialisés (voir le tableau en page 126), selon les caractéristiques de chaque pièce.

Durant la première phase, qui durait une demi-heure, toute l'artillerie concentrait ses tirs sur des secteurs cruciaux des positions ennemies. Cela visait à interrompre les actions de l'artillerie ennemie, chose qui ne pouvait se produire que par une supériorité numérique et en utilisant toutes les pièces disponibles. La proportion adéquate calculée était de trois batteries pour une. (100)

Une fois l'artillerie ennemie neutralisée, la phase suivante consistait à faire en sorte qu'elle le reste. La seconde phase ne pouvait pas durer plus de deux heures et demi. Les groupes anti-artillerie (AKA), de concert avec les groupes destinés à neutraliser l'infanterie ennemie (IKA), continuaient de harceler l'artillerie ennemie, alors que l'artillerie à longue portée (FEKA) et l'artillerie lourde (SCHWEFLA) mettaient en place un barrage profond visant à atteindre les postes de commandement, les centres de communication, et les dépôts d'équipement situés derrières les lignes ennemies.

ORGANISATION DE L'ARTILLERIE ALLEMANDE LORS DE LA GRANDE OFFENSIVE DE 1918

***Infanteriebekämpfungs-Artillerie* (IKA) ou artillerie contre-infanterie**	Ces groupes contrôlaient 75 % des pièces d'artillerie, majoritairement de l'artillerie lourde *(Fussartillerie)*. Ils étaient utilisés en tant que soutien rapproché, bombardant les positions avancées ennemies.
***Artilleriebekämpfungs-Artillerie* (AKA) ou artillerie anti-batterie**	Ces groupes contrôlaient 20 % des armes, dont la majorité étaient des pièces légères d'artillerie de campagne *(Feldartillerie)*. Leur mission était d'attaquer et de neutraliser les actions des batteries d'artillerie ennemies.
***Fernkampf-Artillerie* (FEKA)ou artillerie à longue portée**	Leur feu était dirigé vers les points forts ennemi situés au cœur de leur territoire.
***Schwereste Flachfeuer-Artillerie* (SCHWEFLA) ou artillerie lourde de longue portée à trajectoire parabolique**	Ces groupes, souvent appelés « Barbara », étaient chargés de l'artillerie lourde, tels que les canons ferroviaires et les mortiers M-Gerät 42 cm. Ils étaient utilisés pour démolir les bâtiments de béton, tels que les quartiers généraux, les centres de communication ou les forteresses.
***Minenwerfer* ou lance-mines**	Ces pièces d'artillerie étaient sous le commandement de l'IKA lors du feu préparatoire. Une fois que l'attaque de l'infanterie avait commencé, le commandement est revenu à leurs unités.
***Infanteriebegleit-Batterien* (IBB) ou batteries d'artillerie d'accompagnement**	Ces groupes d'artillerie utilisaient des 7,7 cm FK/96 n/A, tirés par des chevaux. Ils suivaient les vagues d'assaut initiales à une distance relativement courte.
***Infanteriegeschütz-Batterien* (IGB)ou batteries de canons d'infanterie**	Elles suivaient les premières vagues d'assaut de près, pour détruire les nids de mitrailleurs et les points forts ennemis. Elles étaient principalement équipées de canons *Skoda* 7,5 cm et de pièces russes modifiées de 7,62 cm.

Le « Mörser 16 » 21 cm différait du « Mörser 10 » par son bouclier et son tube plus long, qui permettait une plus longue portée. (Archives de l'auteur)

La troisième et dernière phase durait une heure ou deux, et voyait l'IKA maintenir le tir contre l'infanterie ennemie, et l'AKA continuer de tirer sur l'artillerie. Durant cette phase, la majorité des obus étaient chargés d'agents chimiques. En même temps, quelques moments avant l'attaque de l'infanterie, les lances-mines dirigés par l'IKA tiraient sur les positions ennemies les plus avancées, pour percer et ouvrir des couloirs dans les barbelés.

Une fois les tirs préliminaires terminés, l'assaut réel pouvait commencer, avec l'artillerie agissant en tant que soutien des forces d'infanterie. Durant cette phase, le contrôle des lances-mines revenait à l'infanterie, et les canons d'infanterie (IGB) étaient transportés à la main sur le champ de bataille après les premières vagues de troupes, pour éliminer les nids de mitrailleuses et les autres points de résistance. Pendant ce temps, les batteries d'artillerie d'accompagnement suivaient l'infanterie à une distance de 1 000 ou 2 000 mètres, alors que d'autres batteries tiraient de l'arrière. L'infanterie attaquait avec la protection d'un barrage roulant. Celui-ci était établi en utilisant des canons légers, des obusiers lourds et légers, et des lances-mines legers (101), créant un rideau de feu qui avançait devant l'infanterie, forçant l'ennemi à se mettre à l'abri. Pour que le barrage roulant soit efficace, aucun espace devant les troupes ne devait rester intouché, le bombardement devait être continu pour empêcher les troupes de l'éviter, et emprunter le même chemin que les troupes d'infanterie. La vitesse était calculée à cent mètres aux deux minutes, et la distance entre les troupes et les bombardements devait être de trente à trente-cinq mètres. Bien que le barrage doive être près des troupes d'infanterie, il fallait s'assurer qu'il ne s'en approche pas trop des soldats, pour éviter les accidents. (102)

L'opération « Michael » commença à l'aube le 21 mars, avec toute l'artillerie engagée sur les positions de l'artillerie des 3e et 5e Armées britanniques (voir page 130). Plus tard, alors que certaines unités maintenaient les tirs, le corps principal de l'artillerie commença à tirer sur les points forts ennemis situés à l'arrière. Les bombardements préparatoires se sont terminés avec le martèlement des lignes de front britanniques, suivis d'une attaque de l'infanterie allemande précédée d'un barrage roulant.

Ce schéma se répéta pour le reste des attaques qui eurent lieu au printemps 1918, bien qu'en l'été l'offensive allemande commença à montrer des signes d'épuisement. D'ici là, les Alliés avaient trouvé une façon de répondre efficacement aux tirs de l'artillerie, ce qui mena à une critique générale des méthodes de Bruchmüller par ses détracteurs, ce qui était déjà arrivé auparavant.

Les *Infanteriegeschütz-Batterien* étaient équipées entre autres de canons « Skoda » 7,5 cm. (Archives de l'auteur)

Les batteries de canons d'infanterie étaient également appelées batteries d'assaut (*Sturmbatterien*). Sur la photo, les membres de l'une de ces batteries posent pour l'objectif avec ce qui semble être la mascotte de l'unité. (Archives de l'auteur)

Photo d'un sous-officier de la troisième batterie d'infanterie du *2.Posensches Feldartillerie-Regiment Nr.56*. L'on voit sur sa patte d'épaule une grenade enflammée brodée au-dessus du numéro de son régiment. La *Feldartillerie* était principalement utilisée par les régiments d'artillerie des divisions d'infanterie. (Archives de l'auteur)

GRENADIER D'UNE UNITÉ D'ASSAUT. OPÉRATION « MICHAEL », 21 MARS 1918

La première attaque de l'offensive allemande de 1918, connue sous le nom de « Michael », eut lieu dans les environs de Saint-Quentin, entre Arras et Le Fère, où les soldats britanniques des 3e et 5e armées étaient déployés sur une ligne de 100 kilomètres.

Les trois armées allemandes qui prirent part à l'opération étaient commandées par les généraux Georg von der Marwitz (*2. Armee*), Otto von Below (*17. Armee*), et Oskar von Hutier (*18. Armee*), les artisans des opérations victorieuses de Riga, Caporetto et Cambrai. Les trois armées comprenaient un total de 76 divisions et les trois quarts de toute l'artillerie sur le front de l'Ouest.

Du côté adverse, les deux armées britanniques avaient un total de 31 divisions. La 3e Armée comprenait 17 divisions commandées par le général Julian Byng, célèbre pour ses actes à la bataille de la crête de Vimy (près d'Arras) au printemps 1916. Au sud, l'ennemi en face des Allemands à la Fère était la 5e Armée britannique du général Hubert Gough, chargé de défendre la majeure partie du front, bien qu'il ait moins de divisions à son commandement. Ludendorff voulait diviser les deux armées et continuer d'avancer au nord pour attaquer les arrières des 1re et 2e Armées, qui étaient déployées entre Arras et Ypres.

L'offensive commença à l'aube le 21 mars. L'artillerie commença à bombarder les forces britanniques à 4h40. Un bombardement préliminaire si fort et dévastateur n'avait jamais été vu auparavant. Pendant plus de cinq heures, les canons ont tiré plus d'un million d'obus, chargés d'explosifs et de gaz toxiques, qui tombaient au départ sur les positions arrières, puis sur les premières lignes de tranchées britanniques. Le bombardement interrompit les communications ennemies, et inonda les tranchées de gaz irritants qui forcèrent plusieurs soldats à enlever leur masque.

À 9h35, les lances-mines ont rejoint le barrage. L'assaut commença cinq minutes plus tard, précédé d'un barrage roulant. Le jour se leva avec un brouillard épais qui était favorable à l'opération. L'attaque commença avec les troupes de choc et d'assaut, suivies des troupes d'infanterie. Une heure plus tard, les Allemands avaient quitté la première ligne de défense, et atteignaient la ligne principale dans l'après-midi.

Pendant ce temps, le général Gough, sans réserves, ne pouvait pas réagir. Vers midi, la 5e Armée battait en retraite. Le brouillard se leva, et la visibilité accrue permit aux avions allemands de bombarder les troupes britanniques à basse altitude. La 3e Armée réussit à résister aux premiers assauts, mais le nombre de victimes était élevé. Elle fut finalement obligée de battre en retraite, bien que d'une façon ordonnée qui leur permit de conserver ses positions principales. Par conséquent, Ludendorff décida de concentrer ses efforts sur la 5e Armée.

L'illustration

Elle représente un grenadier d'une unite d'assaut participant à l'offensive allemande de 1918. Il porte un casque d'acier modèle 1917 et une tunique modèle 1915. Son pantaloon a des renforts en cuir aux genoux et il porte des chaussures de montagne. Son équipement comporte deux sacoches en tissu pour emporter des grenades à main. (Illustration d'Isaac Jadraque.)

Ce sous-officier porte des chaussures de montagne et des pantalons renforcés aux genoux avec du cuir. Il n'y avait pas de normes précises pour ce type de pantalon jusque vers la fin de la guerre. Les photos d'époque montrent que les renforcements de cuir pouvaient être larges ou étroits, et pouvaient avoir un rebord supérieur droit, courbé, ou en pointe. (Archives de l'auteur)

Un exercice d'entraînement avec des grenades à main (*Handnebelbombe*). La substance présente dans les grenades à main produisait une épaisse fumée blanche, cachant ainsi les troupes qui avançaient vers l'ennemi. (Archives de l'auteur)

Cette photo fut probablement prise, comme celle ci-dessus, vers la fin de 1917 ou le début de 1918, lors d'une série de manœuvres pour préparer les troupes qui allaient prendre part à la grande offensive allemande. (Archives de l'auteur)

Le cours des événements a forcé les commandants allemands à garder une force considérable sur le front de l'Est. L'une de ces forces était le *Reserve-Infanterie-Regiment Nr.21*, un régiment de la *217. Infanterie-Division*, à laquelle appartient le soldat sur la photo. La photo a été prise sur un camp d'entraînement en février 1918. (Archives de l'auteur)

Un soldat d'infanterie posant avec un obus britannique de 380 mm. Il porte un casque camouflé. L'offensive allemande s'est terminée à la fin de juillet 1918. Les dernières cinq attaques organisées par le général Ludendorff (Opération Marne-Reims) ont pris fin vers la mi-juillet. À partir de ce moment, les Allemands n'avaient plus aucune chance de gagner la guerre. (Archives de l'auteur)

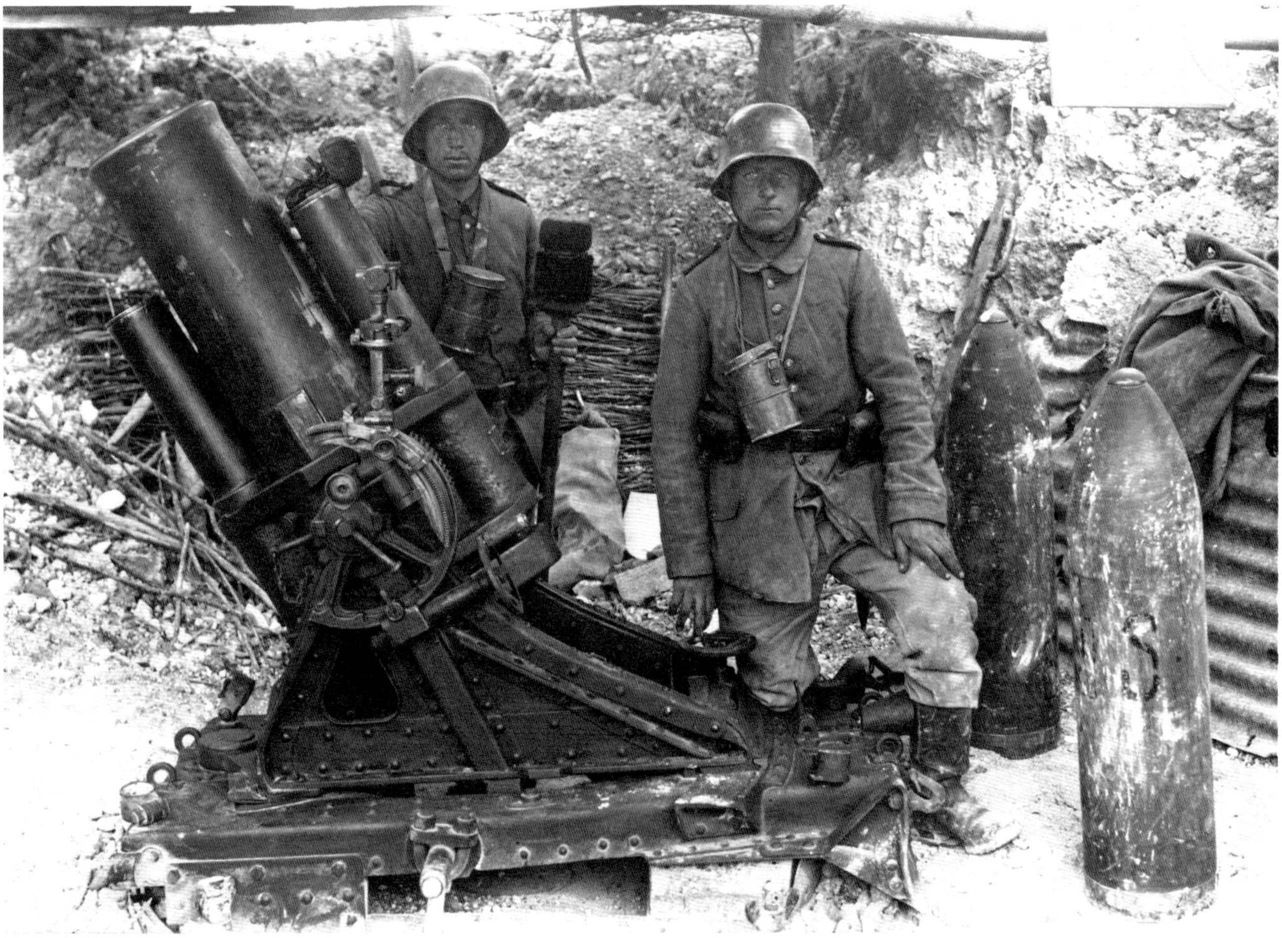

La nouvelle version du lance-mines lourd 24,5 cm (s.M.W. n/A) différait des modèles précédents (s.M.W. a/A) par sa plateforme et par la taille de certaines de ses composantes, comme par exemple le tube, de 34 cm ou plus. Le nombre d'homme requis pour le manier est aussi passé de 21 à 28. (Archives de l'auteur)

Pour un soutien d'infanterie approprié, les canons d'artillerie à trajectoire parabolique (qui étaient plus faciles à déplacer que les obusiers de terrain, mais qui avaient une portée plus courte) étaient nécessaires. Cet écart était rempli par l'artillerie de tranchée. Cette photo montre un lance-mines léger 7,58 cm. Selon les méthodes de Bruchmüller, les lance-mortiers légers faisaient partie des barrages rampants qui protégeaient l'avancée des troupes qui attaquaient. (Archives de l'auteur)

Un très jeune soldat d'infanterie pose pour la photo. Il est armé d'une carabine à verrou « Mauser » modèle 1898 et porte des cartouchières modèle 1898. Son casque présente des motifs de camouflage. (Archives de l'auteur)

Photo d'un soldat d'infanterie de la Garde. Ses cartouchières modèles 1909 avaient trois compartiments pouvant contenir quatre magasins de cinq cartouches. (Archives de l'auteur)

En novembre 1917, le *General der Kavallerie* Georg von der Marwitz mena une attaque qui permit aux Allemands de récupérer le terrain qu'ils avaient perdu quelques jours plus tôt aux forces anglaises de Cambrai. Ces hommes ont été photographiés à Cambrai quelques jours après la contre-attaque. Le général (marqué par un x) est entouré de ses officiers. (Archives de l'auteur)

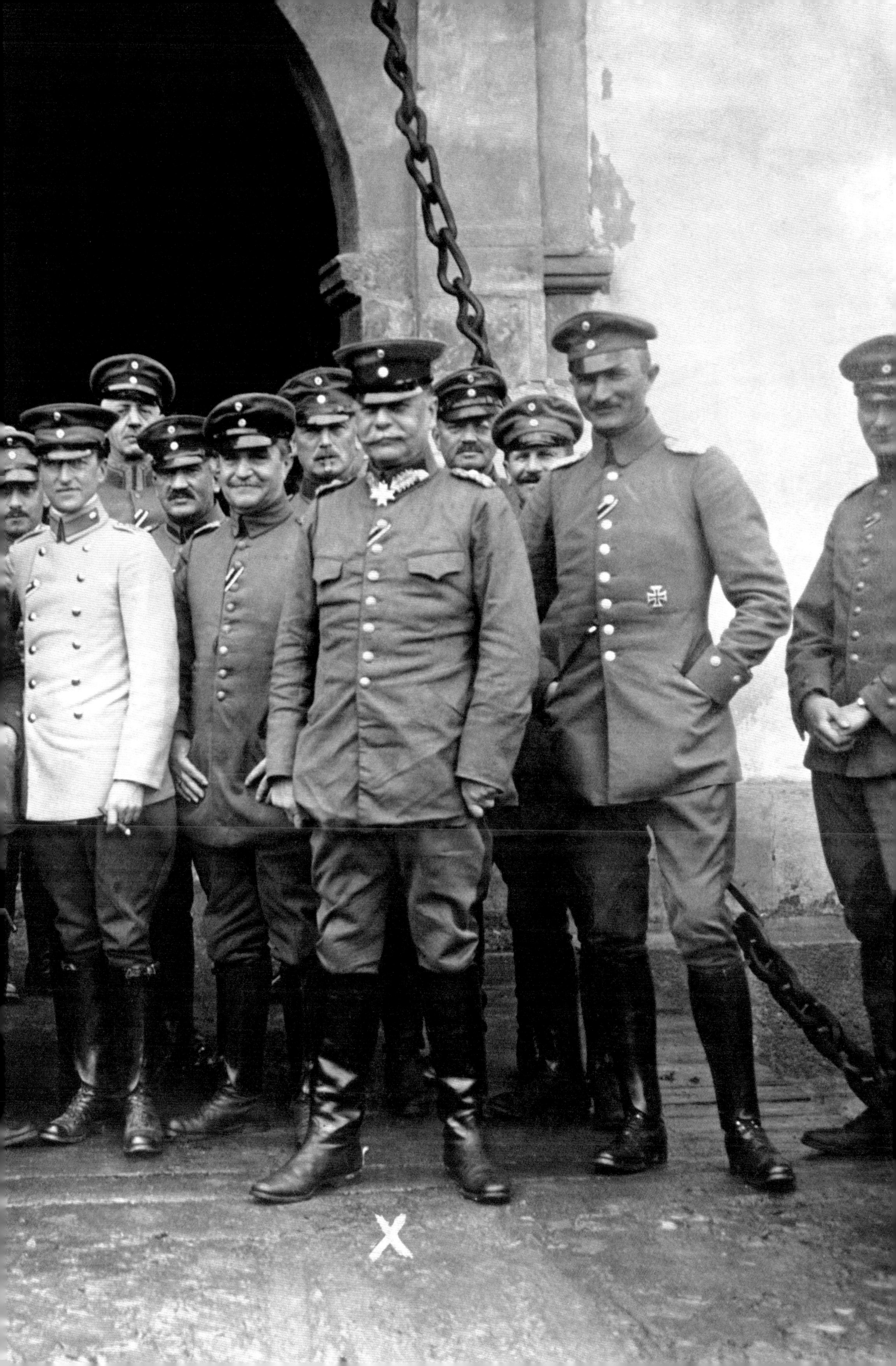

ARMES, ÉQUIPEMENT ET INSIGNES

Les armes individuelles les plus adaptées aux troupes de choc et d'assaut étaient les grenades à main, la carabine, et le couteau de tranchée pour le combat rapproché. D'autres armes utilisées par ces troupes étaient le fusil, le pistolet, la baïonnette, et les massues de tranchée.Vers la fin de la guerre, certains *Sturmbataillone* étaient armés du pistolet-mitrailleur « MP18/1 », 10 000 exemplaires de cette arme ont été distribués aux troupes à l'été de 1918. En ce qui concerne les armes de groupe, la plupart étaient des mitrailleuses légères, des canons d'infanterie, et des lance-mines légers.

L'arme principale des troupes de choc et d'assaut était la grenade à main. Chaque soldat en tenait un grand nombre dans des sacs de sable reconvertis. Plusieurs modèles étaient utilisés, mais le plus populaire au sein des troupes de choc et d'assaut étaient les *Stielhandgranaten* (litt. « Grenades à main à manche »).

Grenades à main

Les grenades à main n'étaient que rarement utilisées au début de la guerre. Elles étaient considérées comme des armes auxiliaires, qui n'avaient pas trop leur place dans une guerre de mouvement. Toutefois, une fois que les lignes de front ont commencé à se stabiliser et que la guerre de tranchées s'est implantée, l'importance de cette arme est redevenue apparente. (1)

À partir de ce moment, les grenades à main n'étaient plus considérées comme l'arme des sapeurs, et leur utilisation s'est répandue au sein l'infanterie. Ce que peu de gens ont réalisé à l'époque est que les grenades allaient bientôt remplacer le fusil comme arme principale du soldat à pied. La raison était fort simple. Le fusil nécessitait que l'utilisateur quitte son abri pour viser et tirer, alors qu'une grenade pouvait être lancée de l'intérieur d'une tranchée ou de tout autre endroit couvert sans que l'on s'expose au feu ennemi.

La préférence de l'infanterie pour les grenades à main fit en sorte qu'elle se mit à négliger le fusil, de sorte que les troupes des premières lignes durent se réentraîner à l'usage du fusil en 1916. (2)

À gauche : Soldats d'une troupe de choc. Ils sont armés de carabines, de pistolets, de couteaux de tranchée, et de grenades. (Archives de l'auteur)

Photo de certains modèles de grenades utilisées par l'armée allemande lors de la Première Guerre mondiale. De gauche à droite : Modèle 1913 « Kugelhandgranate », Modèle 1915 « Stielhandgranate » (« Diskushandgranate »), une grenade à disque offensive 100/110 mm, et une grenade à disque défensive 80 mm. (Archives de l'auteur)

L'armée allemande utilisait des grenades offensives et défensives. Les grenades offensives étaient plus utiles dans une guerre de mouvement, et pouvaient être utilisées par un soldat sans crainte des blessures causées par l'onde de choc. Les grenades défensives n'étaient utilisées que lorsque l'utilisateur se mettait à couvert, puisque l'action destructrice avait une plus grande portée que la distance de tir, et pouvait blesser le soldat qui les lançait. (3) Il y avait plusieurs modèles de grenades défensives : les grenades sphériques (*Kugelhandgranate*) modèles 1913 et 1913 *neuer Art (n/A)*, les grenades à disque 80 mm (*Diskushandgranate*) et les grenades ovoïdes modèles 1917 (*Eierhandgranate*). Les grenades offensives les plus populaires étaient les grenades 100/110 mm et les grenades à manche modèles 1915,1916, et 1917 (*Stielhandgranate*).

Lorsque la mobilisation fut ordonnée en août 1914, l'armée allemande avait environ 700 000 grenades à main dans ses dépôts. La plupart étaient des grenades sphériques modèles 1913, ainsi qu'un petit nombre de *Kugelhandgranate mit Uhrwerzkünder* (il s'agissait d'une grenade sphérique avec un détonateur à rebours, une arme complexe qui fut épuisée aussitôt que la guerre de tranchées commença). (4)

La *Kugelhandgranate* modèle 1913 pesait 750 grammes, et la charge explosive était un mélange de poudre noire. Le corps sphérique était fait de fonte, avec un extérieur fragmenté et une fusée au-dessus, avec un délai de cinq à sept secondes. Comme elle était difficile à fabriquer, un autre modèle fut créé durant la guerre, appelé le modèle 1913 n/A *Kugelhandgranate* (aussi connu comme le modèle 1915), d'apparence similaire, mais plus simple. (5)

La grenade à disque est apparue en 1915. Il y avait deux modèles, chacun avec un mécanisme qui activait la fusée et explosait à l'impact. Le modèle offensif était fait de plaques d'acier, avait un diamètre de 100 à 110 millimètres, et pesait 415 grammes, dont 130 provenaient de la charge explosive (TNT). Le modèle défensif pesait 360 grammes, était fait en fonte, avait un diamètre de 80 millimètres, et la charge explosive consistait en 20 grammes de TNT. Un troisième modèle fut créé plus tard, avec un système de catapultage. Ce modèle, appelé *Schleuder-Diskushandgranate*, avait une portée de plus de 150 mètres avec le même diamètre que la grenade défensive. (6)

À droite : Les sacs de grenades à manche était faits avec le tissu des sacs de sable. Remarquez l'étui du pistolet « P 08 », la grenade d'entraînement, et les pantalons avec les renforts de cuir aux genoux. (Archives de l'auteur)

Troupe de choc du IIIe bataillon du *Reserve-Infanterie-Regiment Nr.20 à Riga*. L'on voit deux charges concentrées à l'avant-plan (l'une est recouverte de tissus) et une charge étendue. (Archives de l'auteur)

L'importance soudaine des grenades à main au début de la guerre a pris les manufactures d'armes par surprise, et elles ne pouvaient pas répondre à la demande. Par conséquent, des grenades moins connues ont été utilisées de pair avec celles décrites plus haut, la plupart fabriquées localement, et généralement faites par des sapeurs. L'une d'entre elles était la *Kastenhandgranate*, consistant en une boîte métallique remplie d'explosif attachée à un bâton de bois. Les grenades pouvaient aussi être faites avec des bocaux, des tubes, et des boîtes de conserve. (7)

La production industrielle de grenades à main commença en 1915. Il y avait une variante de la *Kugelhandgranate* qui utilisait un manche en bois, appelée *Kugelhandgranate mit Stiel,* ainsi que la grenade modèle 1915 *Schirmhandgranate*, ou grenade parapluie, une arme avec une fusée à percussion qui utilisait un stabilisateur en tissu attaché au manche. Toutefois, la plus populaire des grenades de l'armée allemande restait la *Stielhandgranate* modèle 1915, les premières d'une série de grenades qui fut utilisée par les Allemands jusqu'en 1945.

À droite : Le soldat à l'avant-plan s'apprête à lancer une grenade de type *Kastenhandgranate*. Ce modèle particulier a beaucoup été utilisé en 1915 et 1916, et était fabriqué par les sapeurs dans les ateliers de campagne. La boîte métallique était attachée à un manche de bois plat. (Archives de l'auteur)

« Kugelhandgranate mit Stiel » fabriquée par « Poppenberg ». (Collection Bernd Just)

« Stielhandgranate » modèle 1915 avec un levier de sécurité « cafard » et une fusée de type « Poppenberg ». (Collection Bernd Just)

« Stielhandgranate » modèle 1917. (Collection Bernd Just)

Plusieurs modèles de *Stielhandgranate* ont été fabriqués durant la guerre, toutes avec une conception simple consistant en un cylindre de métal contenant entre 200 et 300 grammes d'explosif, et d'un système de mise à feu formé d'un détonateur et d'une mèche dans le manche. Les modèles 1916 et 1917 avaient un capuchon au bout du manche pour cacher la mèche, ce qui n'était pas le cas pour les modèles précédants. Une autre différence était le cylindre plus petit, l'absence du levier de sécurité « cafard » et une fusée de type « Poppenberg ». (8)

Les grenades à manche étaient utilisées pour fabriquer des charges concentrées *(Geballte Ladungen)*. Elles consistaient en six grenades ou plus, dont les manches étaient enlevés, et attachées ensemble avec du fil autour de la boîte d'une autre grenade. La *Stielhandgranate* était également utilisée pour fabriquer des charges étendues, consistant en un long manche de bois avec la tête de plusieurs grenades attachées à 15 cm d'intervalle. Alors que la charge concentrée était utilisée pour détruire les tranchées, les chars, et les points forts, le rôle des charges étendues étaient de créer des ouvertures dans les barbelés. (9)

La grenade ovoïde modèle 1917 *Eierhandgranate*, avec une charge explosive consistant en 32 grammes de poudre noire, fut introduite à la fin 1916 pour répondre au besoin d'une grenade plus rapide à faire et plus bon marché que la *Stielhandgranate*. Les premières variantes avaient une surface lisse qui causait parfois des accidents lorsqu'utilisées dans un environnement boueux, ou avec des mains mouillées. Ce problème fut résolu avec l'addition d'une bande au centre surélevée et segmentée pour une meilleure prise en main. (10)

La guerre de tranchées mit le fusil de côté. De l'autre côté, l'importance de la grenade à main, de peu de valeur avant la guerre, augmenta soudainement. Au début de l'hiver 1914, les grenades à main étaient tellement utilisées qu'elles étaient devenues les armes principales du soldat à pied. (Archives de l'auteur)

Handgranatentrupp de la 4e compagnie d'un régiment d'infanterie. Les groupes de grenadiers étaient composés d'un nombre d'hommes variable. (Archives de l'auteur)

La corde qui déclenchait la fusée se situait à l'intérieur du manche en bois de la grenade à manche. Les modèles 1916 et 1917 avaient un bouchon de sécurité à l'extrémité du manche. (Archives de l'auteur)

Armes à feu

La majorité des troupes d'infanterie étaient armées du fusil *Mauser* 1898 (Gewehr 98), une excellente arme à verrou qui remplaça éventuellement le médiocre modèle 1888 (Gewehr 88), bien que ce dernier ait été utilisé jusqu'en 1918.

Le Gewehr 98 était un fusil de calibre 7,62 mm, avec un chargeur de cinq cartouches et fabriqué par différentes usines tout au long de la guerre. Il pesait 4,6 kilogrammes et mesurait 1,245 mètres. La crosse en bois allait presque jusqu'au bout du canon, prolongé par le logement pour la baïonnette. Il s'agissait d'une excellente arme, peut-être même le meilleur fusil à verrou jamais créé. Toutefois, ce fusil avait tout de même quelques faiblesses, notamment sa longueur excessive, qui la rendait peu pratique lors des combats rapprochés, ou pour l'utilisation dans des quartiers restreints. En fait, les troupes de choc et d'assaut lui préféraient la carabine *Mauser* 1898 (*Karabiner 98*), une arme de même calibre plus pratique, de 1,100 mètres de long et pesant seulement 3,5 kilogrammes. La carabine fut adoptée par tous les bataillons d'assaut, suivant l'exemple du *St.Btl.5 (Rohr)* (11), sauf le *St.Btl.17*, une unité d'assaut composée de soldats allemands et autrichiens qui utilisaient aussi la carabine *Mannlichter* modèle 1895. (12)

Le pistolet-mitrailleur MP18/1 (*Maschinenpistole 18/1*), conçu par Hugo Schmeisser, et construit à l'usine *Theodor Bergmann Waffenfabrik* de Suhl, était une autre arme dans l'arsenal des troupes d'assaut.

Cette arme, le premier pistolet-mitrailleur utilisé (a), remonte à 1915, quand la commission d'essai de fusils de Spandau (*Gewehr-Prüfkommission*) fit une demande pour le développement d'une arme qui serait efficace au combat rapproché dans le contexte de la guerre de tranchées. Après deux ans de conception et de développement, le pistolet-mitrailleur MP 18/1 était prêt pour la production et la distribution au début de 1918. (13)

La MP18/1 était une arme *Parabellum* de calibre 9 mm, utilisant un chargeur de 32 cartouches Luger de type « escargot », soit le même que pour le pistolet P 08 au canon long. Sa maniabilité, de même que son faible poids (4 kilogrammes sans le chargeur), et sa cadence de tir élevée (entre 350 et 400 coups par minute), en faisait une arme de combat rapproché parfaite. Aussitôt que l'OHL remarqua les avantages de cette arme, elle conçut un plan pour augmenter la puissance de feu de l'infanterie.

(a) Les Italiens avaient précédemment développé la « Villar Perosa », et quelque temps plus tard le « Beretta », une arme qui sera utilisée jusqu'à la Seconde Guerre mondiale.

Une troupe de choc armée de fusils « Mauser » modèle 1898. Les baïonnettes fixées appartiennent au modèle 98/05. La longueur du fusil était un handicap lorsque venait le temps de traverser les barbelés. (Archives de l'auteur)

CARABINE MAUSER MODÈLE 1898

Cette carabine de calibre 7,92 était désignée pour l'utilisation de troupes spécialisées, qui avaient besoin d'une arme plus petite, et plus adaptée, que le fusil à verrou Mauser 1898 standard. Les unités qui utilisaient majoritairement cette arme avant 1914 étaient les sapeurs, les mitrailleurs, et les troupes mobiles et de communication. Lorsque la guerre éclata, elle fut aussi adoptée par les troupes d'assaut, comme elle était plus adaptée aux nouvelles tactiques que le fusil standard. (Collection León Bruguera Peñalver)

Caractéristiques	
Calibre	7,92 x 57 mm Mauser (8 x 57 JS)
Longueur	1 245 cm
Longueur du canon	74 cm
Poids	4,60 kg (vide)
Système d'alimentation	Chargeurs de cinq cartouches

TAILLE RÉELLE

Les carabines et fusils modèle 1898 tiraient toutes les deux des cartouches « S » (« S Patrone ou 8 x 57JS »), utilisées depuis 1905. Ce type de munitions, au bout pointu, était le standard de l'armée allemande durant la Première Guerre mondiale. Il était très précis, et avait une meilleure portée que les cartouches à bout rond (« Patrone 88/8 ou 8 x 57J ») utilisées jusqu'alors. (Collection León Bruguera Peñalver)

PISTOLET-MITRAILLEUR MP 18/1

L'introduction du pistolet-mitrailleur au cours de la guerre ouvrit un nouveau champ de possibilité au niveau des tactiques. La MP 18/1 était une arme solide, et facile à utiliser, qui avait une crosse en bois, un canon court, et une mire ajustable (à 100 et 200 mètres). Elle utilisait le même magasin que le pistolet « Parabellum LP 08 ». La courte portée limitait son utilisation tactique à seulement 200/300 mètres, elle était spécialement conçue pour le combat rapproché (*Nähekampf*). (Collection Fondation Don Rodrigo)

Caractéristiques	
Calibre	9 x 19 mm Luger / Parabellum
Longueur	815 cm
Longueur du canon	20 cm
Poids	4,18 kg (vide)
Système d'alimentation	Magasin circulaire de 32 cartouches

Ces soldats d'une troupe de choc non identifiée affichent un vaste arsenal: des fusils « Mauser », des baïonnettes modèle 1915, et plusieurs pistolets « Parabellum LP 08 », une variante du pistolet « P 08 » adopté par l'armée allemande en 1913. (Archives de l'auteur)

Pour parvenir à ce but, l'OHL décida que toutes les compagnies devaient avoir un groupe de tireurs au pistolet-mitrailleur *(MP-Trupp)* composé de six hommes, en plus d'un groupe d'autant d'hommes chargés de fournir les munitions. L'on planifia aussi de fournir une MP 18/1 à tous les officiers, sous-officiers, et 10 % des troupes d'infanterie. Aucun de ces plans n'a pu se réaliser, bien qu'en été 1918, durant l'offensive allemande, plus de 10 000 pistolets-mitrailleurs ont été distribués aux troupes, principalement aux bataillons d'assaut. Certaines sources indiquent qu'à la fin de la guerre, plus de 35 000 armes avaient été fabriquées. (14)

Il y avait une grande variété de pistolets au sein de l'armée allemande, dont le Parabellum P 08, le LP 08, et le Mauser 1916. Des pistolets Dreyse 1907, Langenhan, Mauser 1914, Walther 4, et Sauer M 13 étaient également utilisés.

À droite : Ce capitaine (*Hauptmann*) du *Reserve-Infanterie-Regiment Nr. 14* pose pour la photo avec un pistolet « Dreyse 1907 ». Cette arme, fabriquée par Rheinische Metallwaren & Maschinenfabrik, était longue de 158 mm et, disposait d'un chargeur avec une capacité de huit cartouches 7,65 mm. (Archives de l'auteur)

Le pistolet Parabellum P 08, communément appelé Luger, fut adopté par l'armée allemande en 1908, bien que la marine impériale ait déjà incorporé une autre version à son arsenal, le modèle 1904 à long canon, ou *Marine Luger*. Cette arme légendaire, au design unique, était un pistolet semi-automatique qui tirait des cartouches Parabellum 9 mm. Sa principale caractéristique était son mécanisme complexe qui utilisait le recul pour extraire la cartouche utilisée et en introduire une nouvelle dans la culasse. Il pesait 970 grammes avec le chargeur plein (8 cartouches). Il mesurait 213 mm, en comprenant le canon de 100 mm. Bien que cette arme soit élégante, elle n'était pas aussi pratique que certains le croient. Elle était chère à fabriquer, peu fiable, et devait être parfaitement nettoyée pour fonctionner correctement. Malgré cela, la production a été ininterrompue jusqu'en 1942. De 1914 à 1918, environ deux millions d'unités ont été produites dans les usines de *Deutsche Waffen und Munitionsfabriken* (Berlin), *Erfurt Waffenfabrik*, et *Krieghoff* (Suhl). (15)

Le pistolet Parabellum LP 08 (Lange Pistole 08) était une variante du P 08, adopté en 1913. Destiné à l'artillerie et aux troupes de mitrailleurs, sa principale caractéristique était son long canon (200 mm comparativement aux 150 mm du pistolet de la marine impériale). Il pouvait être transformé en carabine en ajoutant une crosse, et était compatible avec le chargeur circulaire de 32 cartouches (connu comme le chargeur « escargot »), en plus des 8 cartouches du chargeur utilisé pour le P 08. (16)

Le pistolet semi-automatique Mause 1916 ou C96 était aussi destiné à l'artillerie et aux troupes de mitrailleurs, bien que, comme ce fut le cas pour le LP 08, il n'était pas inhabituel de le retrouver entre les mains de soldats d'infanterie, ainsi que celles des troupes de choc et d'assaut. Cette arme encombrante et dispendieuse avait un canon de 140 mm, et son chargeur de 10 cartouches était situé devant la queue de détente, un endroit plutôt particulier. Les premiers modèles utilisaient des cartouches de 7,63 mm, mais, en 1915, après que l'armée ait commandé 150 000 unités à la compagnie Mauser, ils ont été recalibrés pour le 9 mm Parabellum. L'aspect extérieur de ces pistolets recalibrés restait similaire aux modèles précédents ; la seule façon de les différencier était le chiffre 9 gravé sur la poignée, et peint en rouge. Ce pistolet était livré avec un étui de bois qui pouvait servir de crosse. (17)

Un détachement de choc ou une section d'un bataillon d'infanterie (*Stosstrupp ou Stosszüge*) pose pour le photographe. Certains soldats, probablement d'un groupe de mitrailleurs, utilisent le « Parabellum LP 08 » comme arme d'appoint. (Archives de l'auteur)

PISTOLET PARABELLUM LP 08

Le P 08, une arme emblématique du XXe siècle, a été conçue par Georg Luger en se basant sur le mécanisme du « Borschardt C-93 ». Bien qu'il ait été breveté en 1898, il n'a été actif dans l'armée allemande qu'à partir de 1908, en tant que remplaçant des « Reichsrevolvers » modèles 1879 et 1886. La version à long canon, superbement illustrée ici, fut adoptée par les forces armées allemandes en 1913 et était principalement utilisée pour armer les troupes de mitrailleurs et le personnel d'artillerie. (Collection Fondation Don Rodrigo)

TAILLE RÉELLE

Caractéristiques	
Calibre	9 x 19 mm Luger/Parabellum
Longueur	32,3 cm
Longueur du canon	20 cm
Poids	1,25 kg (vide)
Système d'alimentation	Chargeur de huit ou 32 cartouches

Tous les P 08 et leurs variantes étaient faits pour les munitions de 9 mm « Parabellum ». Le chargeur avait une capacité de huit cartouches, et le pistolet « LP » pouvait aussi être chargé avec le même chargeur « escargot » que le pistolet-mitrailleur « MP 18/1 ».

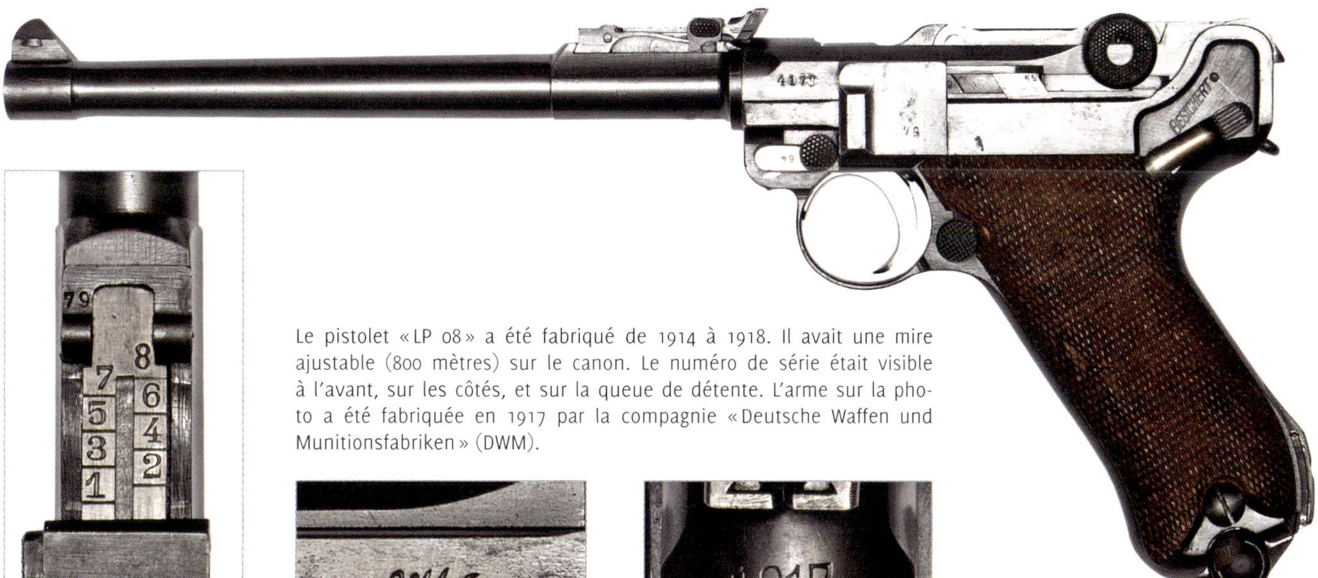

Le pistolet « LP 08 » a été fabriqué de 1914 à 1918. Il avait une mire ajustable (800 mètres) sur le canon. Le numéro de série était visible à l'avant, sur les côtés, et sur la queue de détente. L'arme sur la photo a été fabriquée en 1917 par la compagnie « Deutsche Waffen und Munitionsfabriken » (DWM).

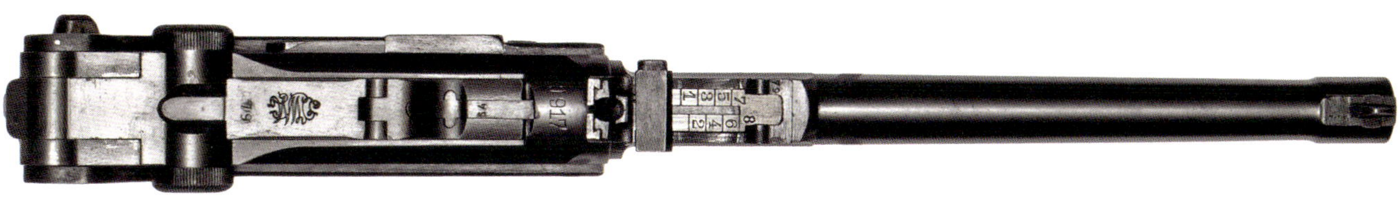

PISTOLET PARABELLUM P 08

Le « Pistolet Parabellum 1908 », ou « Parabellum-Pistole » (Pistolet Parabellum), communément appelé Luger, est un pistolet à verrou semi-automatique au chargement par recul. Il était à l'origine produit par le fabricant d'armes « Deutsche Waffen und Munitionsfabriken » (DWM) en 1900. L'armée allemande l'adopta en 1908, et il a été largement utilisé durant la Première Guerre mondiale, avec une production totale d'environ deux millions d'unités, faites par le fabricant original, ainsi que par « Erfurt Waffenfabrik » et « Krieghoff » à Suhl.
(Collection Fondation Don Rodrigo)

Caractéristiques	
Calibre	9 x 19 mm Luger/Parabellum
Longueur	22,2 cm
Longueur du canon	9,8 cm
Poids	871 grammes (vide)
Système d'alimentation	Chargeur de huit cartouches

Le pistolet « P 08 » sur les photos a été fait par « Deutsche Waffen und Munitionsfabriken » (DWM) en 1918. Remarquez le numéro de série apparent sur les différentes composantes de l'arme.

Ce soldat d'un régiment d'infanterie est armé d'un couteau de tranchée et d'un pistolet « Parabellum P 08 », mieux connu sous le nom de « Luger P 08 ». La cocarde sur son béret, les boutons de sa tunique modèle 1917, et sa boucle de ceinture avec les mots « IN TREUE FEST » (« Fermement en fidélité ») indiquent que cet homme appartenait à une unité bavaroise. (Archives de l'auteur)

PISTOLET C 96

Le pistolet « C 96 » est une arme semi-automatique au chargement à recul et à la culasse fermée. Le trait le plus distinctif de ce pistolet est son magasin non-amovible, fixé devant la queue de détente, et un étui qui servait étalement de crosse. Les pistolets « C 96 » pouvaient être chargés de cartouches à l'unité, ou de chargeurs de dix cartouches à partir de la culasse. Le « C 96 » prit sa forme définitive en 1912, quand un nouveau système de sécurité fut adopté, ainsi qu'un extracteur plus court et plus large, et un percuteur plus petit et plus léger. En 1915, l'armée allemande acheta environ 150 000 exemplaires auprès de la compagnie « Mauser », faits pour recevoir les cartouches standard « Luger/Parabellum » 9 x 19 mm. Ces pistolets étaient reconnaissables par le chiffre « 9 » rouge visible sur les deux côtés de la poignée. (Collection Fondation Don Rodrigo)

Caractéristiques	
Calibre	9 x 19 mm Luger/Parabellum
Longueur	31,2 cm
Longueur du canon	14 cm
Poids	1,25 kg (vide)
Système d'alimentation	Chargeur de dix cartouches

TAILLE RÉELLE

Vue détaillée du chargeur de dix cartouches qui était inséré du dessus de l'arme. Le « C 96 » nécessitait la cartouche standard 9 x 19 mm « Luger/Parabellum ».

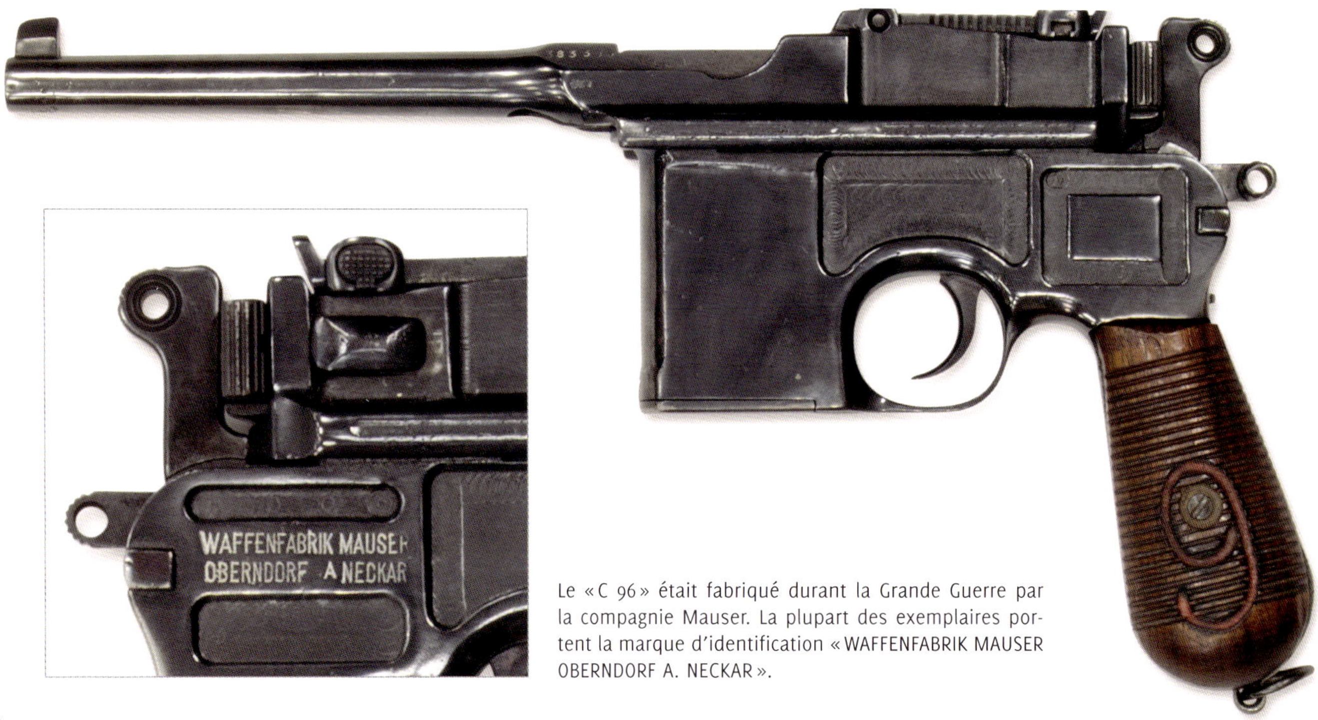

Le « C 96 » était fabriqué durant la Grande Guerre par la compagnie Mauser. La plupart des exemplaires portent la marque d'identification « WAFFENFABRIK MAUSER OBERNDORF A. NECKAR ».

Les pistolets « Mauser C96 » utilisés par les troupes de choc et d'assaut étaient principalement utilisés par les équipes de pièces de « MG 08 » et de canon d'infanterie (*Infanterie Geschütz*). (Archives de l'auteur.)

Armes tranchantes et contondantes

En vertu du décret issu en août 1917, qui indiquait que la baïonnette modèle 1898 n'était pas adaptée pour les bataillons d'assaut, il fut décidé que ces troupes doivent être armées de la baïonnette modèle 84/98 ; une arme beaucoup plus petite utilisée à l'origine par les troupes de mitrailleurs. Cependant, l'arme tranchante de loin la plus couramment entre les mains des troupes de choc et d'assaut était le couteau de tranchée *(Grabendolch),* aussi distribué parmi certaines unités d'infanterie et de sapeurs. (18)

Le couteau de tranchée était une arme destinée au combat rapproché *(Nahekampf),* avec un manche en bois et une lame d'acier. Il y avait plusieurs variantes, comme la « dague bavaroise » et la baïonnette modèle 1915 (Dolch-Bayonett M1915). Cette arme, fabriquée par la compagnie DEMAG *(Deutsche Maschinenfabrik-AG Duisburg),* avait les caractéristiques d'un couteau, mais pouvait aussi être accrochée à un fusil comme une baïonnette, alors que la « dague bavaroise » était facilement reconnaissable par son manche en bois de cerf.

Une autre arme utilisée au corps-à-corps était la massue de tranchées (*Grabenkeule*), un instrument typiquement médiéval ramené sur les champs de bataille européens par la guerre de tranchée. Comme ce n'était pas une arme officielle, la massue pouvait avoir différentes formes, mais toutes avaient un manche (généralement en bois) et une tête faite de bois ou d'acier, habituellement renforcée avec des rangées de clous pour maximiser les blessures infligées. (19)

À droite : Le couteau de tranchée (*Grabendolch*) était fréquemment utilisé par les troupes de choc et d'assaut, comme il était conçu pour le combat au corps-à-corps. (Archives de l'auteur)

Des troupes de choc attendent dans leur tranchée que l'offensive débute. Certains soldats sont armés de la baïonnette modèle 1915 (« Dolch-Bajonett M1915 »). (Archives de l'auteur)

Photo d'un « Stosstrupp » du *Landwehr-Infanterie-Regiment Nr. 78*. Ce régiment appartenait à la *38. Landwehr-Division* depuis le début de la guerre. Cette division a combattu sur le front de l'Ouest, particulièrement en Flandres, en Artois, et dans la région d'Armentières. En 1918, la plupart de ses hommes avaient environ 40 ans. Certains des hommes sur cette photo sont armés de couteaux de tranchée. (Archives de l'auteur)

Les couteaux de tranchée mesuraient 20 cm et avaient un manche en bois, et un fourreau en métal. (Collection León Burguera Peñalver)

Ce *Leutnant* porte à sa ceinture un pistolet « P 08 » et un couteau de tranchée. Ces couteaux étaient aussi distribués à certaines unités de sapeurs et d'infanterie. (Archives de l'auteur)

Une autre arme de corps-à-corps utilisée était la « dague bavaroise », aussi connue sous le nom de *Dolchmesser* ou de *Lederhosenmesser*. Il s'agissait d'une arme non-officielle qui était généralement achetée dans les magasins militaires. L'on voit sur la page suivante (dans le bas) la publicité d'un magasin qui offrait la possibilité de faire graver sur le fourreau le nom et le grade de l'utilisateur. (Archives de l'auteur)

Ci-dessus : Des soldats du bataillon « Ersatz » (*Ersatz-Bataillon*) du *Reserve-Infanterie-Regiment Nr. 26*. Cette photo a été prise en août 1915. Le soldat à droite porte une « dague bavaroise » à sa ceinture. (Archives de l'auteur)

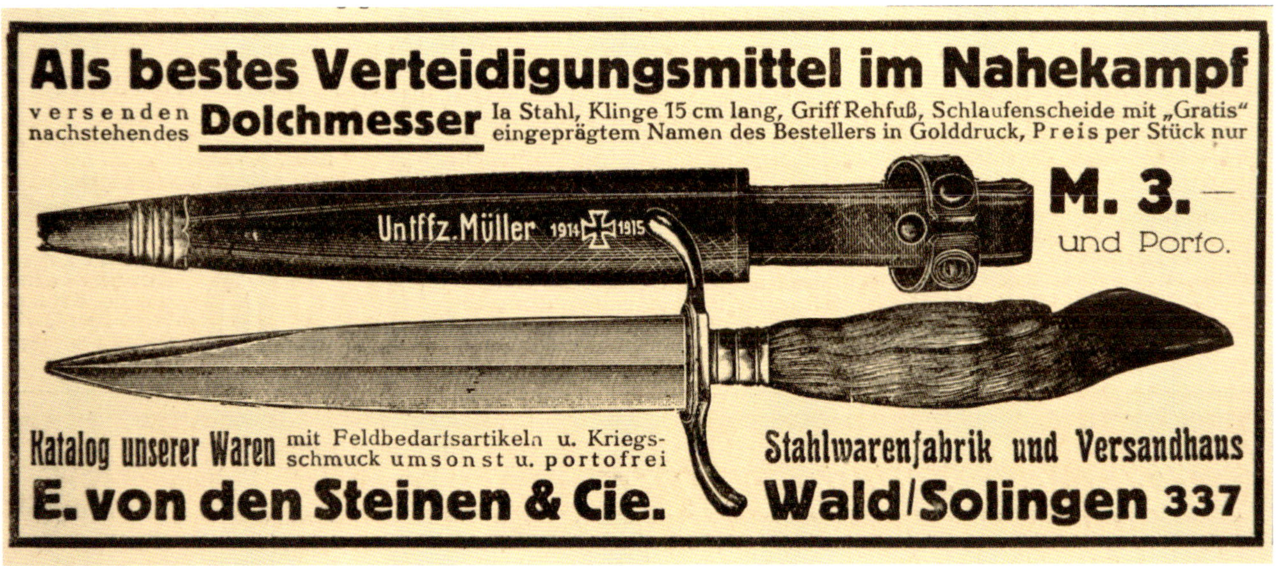

Le soldat à l'arrière-plan (à l'extrême-droite) porte une massue de tranchée. Cette arme était surtout utilisée par les soldats qui devaient s'infiltrer dans les lignes ennemies (Archives de l'auteur)

Armes de groupe

La plupart des bataillons d'assaut avaient une compagnie de lance-mines et une compagnie de mitrailleurs. Une exception à cette règle était le *St.Btl.5 (Rohr)*, qui avait deux compagnies de mitrailleurs et une compagnie de batterie de canons de campagne, des obusiers de 7,7 cm, qui était à l'origine équipé d'obusiers L/12 10,5. Cette unité était aussi la seule à posséder un groupe de lance-flammes permanent *(Flammenwerfertrupp)*, alors que les *St.Btl.3* et *St.Btl.17* avaient une section de lance-flammes *(Flammenwerferzug)*. Le reste des bataillons devait emprunter les lance-flammes du Régiment de Sapeurs de réserve de la Garde. C'était aussi le cas des *Infanteriegeschützbatterien*, qui étaient sous le commandement direct de l'OHL, et qui étaient assignées à un bataillon ou un autre, selon le besoin. Les *St.Btl.3* et *St.Btl.5 (Rohr)* faisaient encore une fois exception, puisqu'ils avaient une batterie de canons de campagne plus ou moins permanente, les *I.Gesch.Batt. 3* et *I.Gesch.Batt. 28*, respectivement. Le *St.Btl.17* avait aussi trois pièces anti-aériennes montées sur des camions, organisées en *Flak auf Wagen Zug*. (20)

Les compagnies de mitrailleurs des bataillons étaient principalement équipées de mitrailleuses MG.08, alors que les compagnies d'assaut étaient armées du MG.08/15. Les armes capturées étaient elles aussi utilisées, telles que les mitrailleuses *Saint-Etienne* modèle 1907, ou *Lewis* modèle 1911. En ce qui concerne les lance-grenades (*Granatwerfer*), à la fin de 1916, toutes les compagnies avaient le modèle léger 7,58 cm, alors que les groupes de combat et les sections de lance-flammes avaient des petites armes portatives qui nécessitaient deux hommes, assistés d'un troisième. Les canons d'infanterie les plus communs étaient les canons 7.7 cm *L/27 Krupp, le 7,62 Putilov (L/16,5 Krupp)*, et le canon de montagne *Skoda* 7.5 cm *(M.15 Gebirgskanone)*. Plusieurs *Infanteriegeschützbatterien* ont reçu l'*Infanteriegeschütz 18 Krupp* lors de l'offensive de 1918, un canon de 7,7cm qui était aussi utilisé par les *Blegeitbatterien*.

À droite : Le lance-mines 7,58 cm qui était utilisé avant 1914 a été remplacé par une version améliorée, appelée « leichter Minenwerfer neuer Art » (l.M.W. n/A), ce qui se traduit par un nouveau type de lance-mines léger. La plus vieille version est restée active, et se faisait appeler « leichter Minenwerfer alter Art" (l.M.W. a/A), ou lance-mines vieille version, pour le différencier de la nouvelle. Le baptême du feu du l.M.W. n/A eut lieu en 1916, lors de la bataille de la Somme. Les différences les plus flagrantes entre ces deux types étaient les plus gros canons de la nouvelle version, et la base arrondie de la vieille version. (Archives de l'auteur)

L'un des canons d'infanterie utilisé par l'armée allemande était le « L/27 Krupp », un 7.7 cm « Fk96 n/A » modifié, avec comme mission principale la destruction de chars. (Archives de l'auteur)

Le « MG.08 » était une arme refroidie à l'eau de 7,92 mm qui utilisait des bandes de munitions de 100 et 250 cartouches. Il était monté sur un trépied, et l'ensemble pesait environ 60 kilogrammes. Il était extrêmement efficace, et il s'agit de l'arme ayant causé le plus de morts de l'Histoire. Cette photo montre les membres d'un groupe de mitrailleurs avec une mitrailleuse démontée. L'un des soldats porte la mitrailleuse, et le troisième soldat à partir de la gauche tient le trépied. Le reste des hommes tiennent les boîtes de munitions, et plusieurs autres, les outils et accessoires. (Archives de l'auteur)

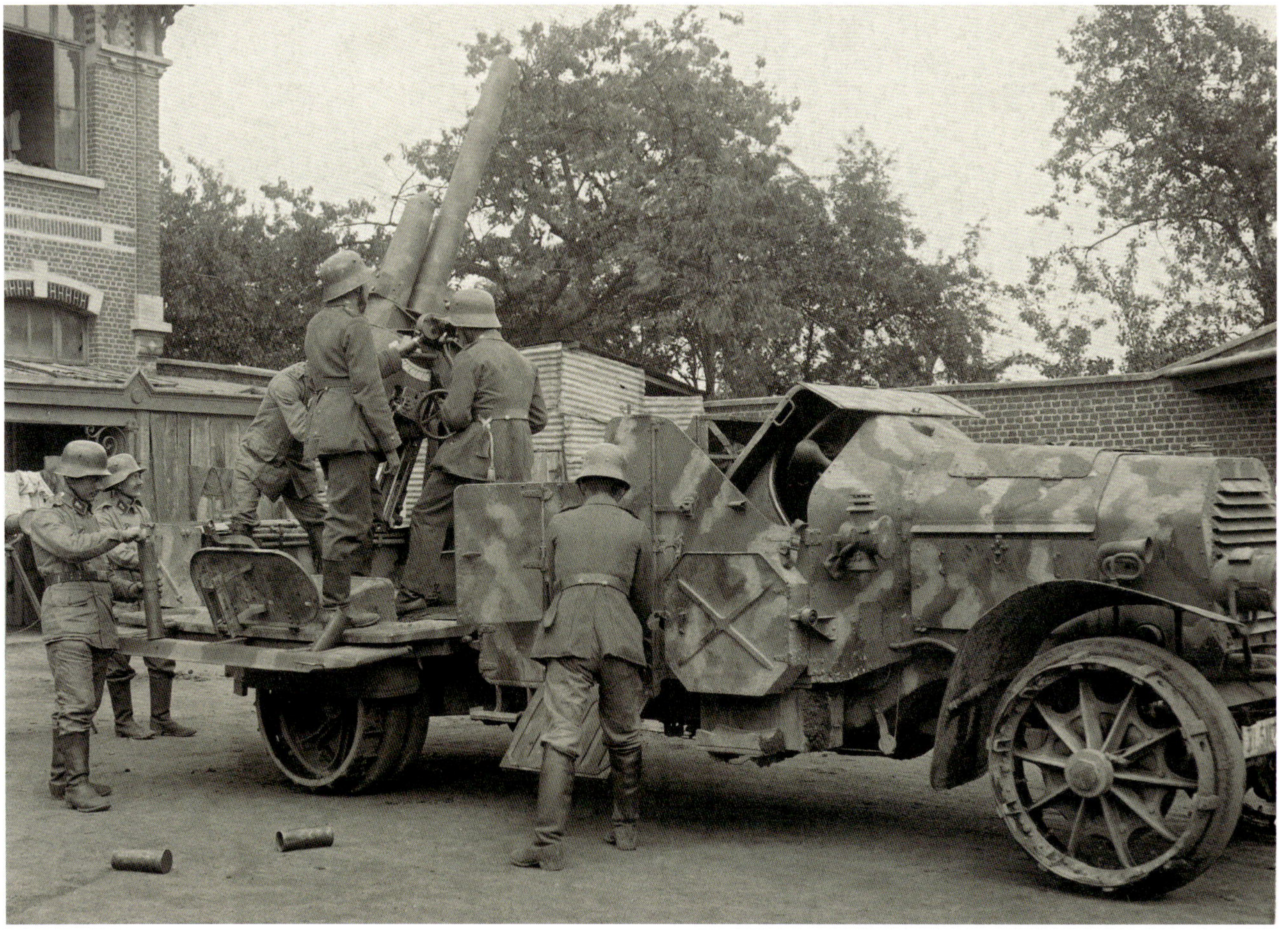

Front de l'Ouest, 1918. Un camion « Krupp-Daimler Platformwagen » équipé d'un canon anti-aérien, probablement une pièce de 7,7 cm. Remarquez les motifs de camouflage sur le véhicule. Le *Sturmbataillon Nr. 17* était le seul bataillon d'assaut à avoir ses propres camions surmontés de canons anti-aériens, organisés en une section appelée *Flak auf Wagen Zug*. (Archives de l'auteur)

Les *Infanteriegeschützbatterien* soutenant les bataillons d'assaut étaient principalement équipés de canons de montagne Skoda 7.5 cm. L'arme sur la photo affiche un motif de camouflage consistant en de petites tâches aux couleurs d'ocre et de terre cuite peintes sur le vert d'origine. (Archives de l'auteur)

Membres d'une compagnie de lance-mines (*Minenwerfer-Kompanie*) du *Sturmbataillon Nr. 161* lors d'un entraînement qui eut lieu dans la Somme en 1918. Leurs casques sont peints de différentes couleurs pour créer un motif de camouflage. Le lance-mines est un *leichte Minenwerfer auf Flachbahn Lafette* une variation du 7,58 cm léger qui permettait à la trajectoire de l'obus d'être modifiée (de parabolique à droite) ce qui en faisait une arme antichar efficace. (Archives de Maurice Sublet)

Troupe de choc avec une mitrailleuse française « Saint-Etienne » 1907. Le second soldat à gauche (debout) est armé d'un pistolet « Mauser C 96 ». (Archives de l'auteur)

Équipement de terrain

Les soldats portaient leur fusil ou carabine dans le dos, pour éviter que l'arme accroche les sacs de grenades ; ils étaient également armés de couteaux de tranchée, et de pinces coupantes. Ces dernières étaient d'ailleurs une partie intégrante de l'équipement des troupes de choc et d'assaut, qui les utilisaient pour couper les barbelés. Les bêches, et les pelles étaient aussi des outils utilisés par les troupes de choc, les troupes d'assaut, et les sapeurs.

À gauche : La grenade utilisée avec le *Granatwerfer* (appelé *Wurfgranate 15*), était un objet en fonte à l'extérieur fragmenté, fixé à un tube. La charge explosive comprenait du nitrate d'ammonium et de la TNT, alors que la propulsion avait lieu à l'aide d'une cartouche chargée à blanc attachée à l'intérieur de la queue. L'arme était lancée à l'aide d'un cordon. (Archives de l'auteur)

Deux modèles de pinces coupantes étaient disponibles, un petit et un grand. Le petit modèle a été introduit en 1915 et avait un anneau à l'extrémité d'une des poignées pour y attacher un cordon, ce qui empêchait l'arme de se perdre durant l'assaut. Ces pinces étaient fixées à la ceinture, et placées dans un sac de transport. Le grand modèle était transporté dans un sac en tissu, et utilisé par des unités d'infanterie, d'artillerie, et de cavalerie. (21)

Les bataillons d'assaut préféraient utiliser deux gamelles plutôt qu'une seule. Ils favorisaient aussi l'utilisation des bretelles de cuir, un article généralement associé aux troupes de cavalerie, utilisé par les *Sturmbataillonen* depuis 1917. Contrairement à l'infanterie, les troupes de choc n'utilisaient que rarement des cartouchières, utilisant plutôt des sacs à pain ou musette (*Brotbeuteul*) ou les poches de leur tunique pour stocker leurs munitions. (22)

Sur les deux pages : 1917. Ce soldat appartient à une unité de choc ou d'assaut d'un régiment d'infanterie du Württemberg. Remarquez son pistolet de détresse « Druckknopf » (*Leuchtpistole Druckknopf*), sa gamelle, et son poncho. Le manche de pelle est attaché à ses pattes d'épaule à l'aide d'une ceinture de cuir, pour éviter qu'il ne bouge lors des marches. Le sac contenant les grenades à manche, d'un style inhabituel, contient des bâtons et non des grenades, ce qui suggère que la photo a été prise dans le but de montrer l'uniforme et l'équipement des troupes de choc et d'assaut. (Archives de Maurice Sublet)

Les membres de cette unité de choc posent avec leurs couteaux de tranchée, baïonnettes, pistolets « P 08 », et grenades à manche. Le soldat au centre a une petite paire de pinces coupantes. (Archives de l'auteur)

Uniformes et insignes

Sauf quelques exceptions, les troupes de choc utilisaient les mêmes uniformes que ceux de l'infanterie. Le Ministère de la Guerre prussien émit une nouvelle réglementation le 6 février 1917, stipulant que les compagnies d'assaut et de mitrailleurs du *St.Btl.5 (Rohr)* devaient porter le même uniforme que les sapeurs, alors que le *St.Btl.3* devait utiliser l'uniforme des chasseurs. En ce qui concerne le reste des bataillons, les compagnies d'assaut et de mitrailleurs devaient porter le même uniforme que celui de l'infanterie, alors que le personnel des batteries d'obusiers du *St.Btl.5 (Rohr)* portait l'uniforme de l'artillerie.

À gauche : Le soldat d'une troupe de choc ou d'assaut sur la photo est armé d'un pistolet « P 08 » et d'une grenade à manche 1917. Il est aussi équipé de grandes pinces coupantes. Le cordon qui empêchait l'outil de tomber lors des combats est clairement visible. Le soldat a attaché son manche de pelle à ses pattes d'épaules avec une lanière de cuir, pratique courante au sein des troupes de choc. (Archives de l'auteur)

L'uniforme des sapeurs était également utilisé par les troupes de lance-mines de tous les bataillons, les groupes de lance-flammes du *St.Btl.5 (Rohr)*, et les sections de lance-flammes des *St.Btl.3* et *St.Btl.17* (voir en pages 180 et 181).

Les pattes d'épaule des hommes enrôlés et des sous-officiers affichaient le numéro de leur bataillon d'assaut brodé, ou, dans le cas des officiers, le numéro était fait de métal et fixé aux pattes d'épaule. Celles des troupes de lance-mines avaient aussi les lettres « MW » (acronyme de *Minenwerfer*) en métal où brodées, selon le rang. (23) Les troupes appartenant aux batteries de canon d'infanterie des *St.Btl.3* et *St.Btl.5 (Rohr)* portaient l'uniforme de l'artillerie, avec les lettres « IG » (acronyme d'*Infanteriegeschütz*) brodées sur les pattes d'épaule au-dessus de leur numéro de batterie, et non de bataillon, comme toutes les *Infanteriegeschützbatterien* étaient indépendantes, bien qu'elles pouvaient être assignées à des unités de façon permanente. (24)

Membres du *Der alten Sturm-Knochen*, l'équipe de football du *Sturmbataillon Nr. 15* posant pour les appareils photo. Remarquez les pattes d'épaule aux passepoils blancs, ainsi que le numéro de bataillon brodé en rouge à la machine. (Archives de l'auteur)

Les deux éléments distinctifs des troupes de choc et d'assaut étaient les chaussures de montagne et les pantalons renforcés par du cuir aux genoux pour les protéger de l'usure. L'utilisation de ce pantalon fut sanctionné par un ordre du Ministère prussien de la Guerre daté du 2 novembre 1917, qui indiquait que les pantalons des troupes de montagne (*Gebirgsstiefelhosen*) seraient à partir de ce moment aussi portés par les *Sturmbataillonen*. La coupe était serrée aux mollets, et il y avait des renforts de cuir aux genoux, sur l'intérieur des cuisses, et au niveau de l'aine. La taille et la forme des renforts de cuir n'a pas été standardisée avant l'été 1918, quand un ordre fut émis régularisant l'utilisation des chaussures de montagne et des bandes molletières. (25)

La seule insigne créée spécifiquement en tant que badge pour les troupes de choc ou d'assaut était une insigne que le *Kronprinz* Impérial avait concédé au *St.Btl.5 (Rohr)* lors de sa dernière visite de l'unité en février 1918. Le badge n'a jamais été officiellement reconnu, et consistait en la lettre « W » (la première initiale de *Wilhelm,* le prince héritier allemand), et d'une couronne métallique sur une base circulaire en tissu, qui était cousu à la manche gauche. (26) Les membres du groupe de lance-flammes du *St.Btl.5 (Rohr)* portaient le même badge que le Régiment de Sapeurs de réserve de la Garde en juillet 1916.

Parfois, les troupes de choc et d'assaut portaient un brassard blanc pour se distinguer de l'ennemi lors des assauts. (27) Elles avaient aussi leur propre insigne (non reconnue) cousue à la manche gauche. L'insigne consistait généralement en un « S » majuscule et de deux grenades à manche croisées ; les soldats portaient aussi des pattes d'épaule avec la lettre « H » (pour *Handgranatentrupp*), ainsi que des brassards avec la lettre « S ». En fait, les compagnies d'assaut de certaines divisions d'infanterie de Saxe portaient un brassard vert sur la manche gauche avec deux lignes blanches et la lettre « S » peinte en rouge ou en blanc. L'utilisation de ces brassards a été confirmée dans le cas de la compagnie d'assaut de la *24. Reserve-Division.* (28)

À droite : Les membres du groupe de lance-flammes du *Sturmbataillon Nr. 5 (Rohr)* portaient une insigne avec une tête de mort au niveau du coude, probablement pour se distinguer du Régiment de sapeurs de réserve de la Garde. L'officier sur la photo porte une vareuse d'été 1915 avec deux poches ajoutées sur la poitrine. (Archives de l'auteur)

Photo d'un sous-officier d'une unité de choc ou d'assaut non identifiée. L'insigne sur sa manche gauche consiste en deux grenades à manche croisées sur un cercle de tissu « feldgrau ». (Archives de l'auteur)

Un fusilier du *Füsilier-Regiment Prinz Heinrich von Preussen (Brandeburgisches) Nr.35*. Bien que l'utilisation du brassard blanc soit généralement associée aux troupes de choc et d'assaut, ils étaient aussi portés par l'infanterie ordinaire. En fait, en 1908, bien avant le début de la guerre, l'utilisation de brassards pour certaines occasions avait déjà été envisagée. Pour les opérations de nuit, par exemple, les troupes devaient en porter pour éviter de se confondre avec l'ennemi. (Archives de l'auteur)

Soldat du *4. Hannoversches Infanterie-Regiment Nr. 164*, assigné à un détachement d'assaut de la *111. Infanterie-Division*. Il porte une insigne de son détachement sur la manche gauche. Cette insigne non reconnue consiste en un ovale foncé (probablement noir) avec le chiffre « 111 » (le numéro de la division), la lettre « S », et deux grenades à manche brodées de fil blanc. Le numéro de son régiment se trouve sur ses pattes d'épaule. (Archives de l'auteur)

Certaines compagnies des divisions de Saxe portaient un brassard vert sur la manche gauche avec deux lignes blanches et la lettre « S » peintes en blanc ou, comme sur la photo, en rouge. La forme du renfort de cuir sur le pantalon est très clairement différente de ceux montrés sur les photos précédentes. (Archives de l'auteur)

En février 1918, le prince héritier décida d'honorer le *Sturmbataillon Nr.5 (Rohr)* avec une insigne affichant la lettre « W » et une couronne métallique sur une base circulaire en tissu feldgrau. (Archives de Maurice Sublet)

Un membre du *Sturmbataillon Nr.5 (Rohr)* avec l'insigne du « Kronprinz » sur la manche gauche de sa vareuse. (Archives d'Yves Soriano)

PATTES D'ÉPAULE

Avec l'introduction de la tunique modèle 1915, les différences entre les uniformes de l'infanterie, de l'artillerie, et des sapeurs étaient le plus visibles par les pattes d'épaule. Les pattes d'épaule des simples soldats et des sous-officiers étaient de la même couleur que la tunique, alors que celles de l'artillerie lourde étaient jaunes avec passepoil rouge. Une version de pattes d'épaule rouges avec passepoil rouge existait aussi pour l'artillerie lourde et légère. Les sapeurs utilisaient des pattes d'épaule noires brodées de rouge, bien que, comme dans le cas des unités d'artillerie, il existait aussi une variante de couleur « feldgrau ». En ce qui concerne les épaulettes des officiers, les couleurs du Corps d'Armée ont été abandonnées en 1916, et les épaulettes des officiers d'infanterie devaient présenter un passepoil blanc. Les épaulettes de l'artillerie légère avaient un passepoil rouge, alors qu'il était jaune pour l'artillerie lourde. Les épaulettes des officiers d'unités de sapeurs avaient des passepoils rouges et noirs. (Collection de l'auteur)

Lieutenant (*Oberleutnant*). *Kaiser Franz Garde-Grenadier-Regiment Nr.2*. Base rouge.

Capitaine (*Hauptmann*). *Infanterie-Regiment Grossherzog Franz II von Mecklenburg-Schwerin (4. Brandeburgisches) Nr. 24*. Base rouge.

Colonel (*Oberst*). *Füsilier-Regiment Prinz Heinrich von Preussen (Brandeburgisches) Nr. 35*. Base rouge.

Sous-lieutenant (*Leutnant*). *6.Thüringisches Infanterie-Regiment Nr. 95*. Base blanche depuis 1916, précédemment rouge.

Major. *4. Bayer. Infanterie-Regiment König Wilhelm von Württemberg*. Base rouge.

Capitaine (*Hauptmann*). *Lauenburgisches Feldartillerie-Regiment Nr. 45*. Base blanche.

Lieutenant (*Oberleutnant*). *Feldartillerie-Regiment von Peuker (1.Schlesisches) Nr. 6*. Base rouge depuis 1916, précédemment jaune.

Capitaine (*Hauptmann*). *2. bayer. Feldartillerie-Regiment Horn*. Base blanche.

Sous-lieutenant (*Leutnant*). *Fussartillerie-Bataillon Nr. 153* (créé en 1916). Base jaune.

Sous-lieutenant (*Leutnant*). *Elsässisches Pionier-Bataillon Nr. 15*.

Hommes du rang et sous-officiers. *Garde-Grenadier-Regiment König Wilhelm I. (2.Westpreussisches) Nr. 7*. Passepoil jaune.

Hommes du rang et sous-officiers. *1. Sächisches (Leib-)Grenadier-Regiment Nr. 100*. Passepoil blanc.

Hommes du rang et sous-officiers. *Infanterie-Regiment Herwarth von Bittenfield (1.Wesfälisches) Nr. 13*. Passepoil blanc depuis 1915-1916, précédemment bleu.

Hommes du rang et sous-officiers. *Infanterie-Regiment Nr. 358* (créé en 1915). Passepoil blanc.

Hommes du rang et sous-officiers. *2.Thüringisches Infanterie-Regiment Nr. 32*. Sans passepoil, utilisé depuis 1915-1916.

Hommes du rang et sous-officiers. *Minenwerfer-Kompanie Nr. 117*. Noire avec passepoil rouge.

Pattes d'épaule pour les hommes du rang et les sous-officiers de l'artillerie. « Feldgrau » sans passepoil, utilisée depuis 1915-1916. À gauche, *Sachs. Reserve-Feldartillerie-Regiment Nr.24*. À droite, *Feld-und Fuß-Artillerie Schule*.

Officiers par intérim (*Offizierstellvertreter*). Artillerie lourde. Passepoil jaune. Utilisée depuis 1915-1916. Groupes d'artillerie lourde N° 49 et 100.

Pattes d'épaule pour les hommes du rang et les sous-officiers de l'artillerie légère, utilisées depuis 1915-1916. Précédemment, les pattes étaient de couleur « feldgrau » et la couture aux couleurs du corps d'armée. De gauche à droite, régiments d'artillerie légère N° 18, 63, et 83.

Pattes d'épaule pour les hommes du rang et les sous-officiers de l'artillerie lourde, utilisées depuis 1915-1916. Auparavant, les pattes étaient de couleur « feldgrau » sans les grenades avec couture blanche. De gauche à droite, régiments d'artillerie lourde N° 5, 12, et 18.

Les brassards blancs étaient utilisés pour distinguer les troupes de choc et d'assaut de l'ennemi dans la confusion du champ de bataille. Une simple bande de tissu blanc cousue à l'épaule gauche était parfois utilisée au lieu du brassard. (Archives de l'auteur)

ÉPILOGUE

Malgré la stagnation de la guerre de tranchées, la période entre 1914 et 1918 fut décisive dans l'établissement des bases de la guerre moderne.

Les changements profonds qui ont eu lieu dans l'armée allemande depuis 1914, particulièrement en ce qui concerne les méthodes de combat, peuvent être attribués au travail d'hommes comme Willy Martin Ernst Rohr, le général Oskar von Hutier, le lieutenant-colonel Georg Bruchmüller, ou le général Erich Ludendorff. Les historiens insistent généralement sur les mesures politiques et économiques adoptées par Ludendorff durant la guerre, mais ils oublient souvent de mentionner qu'il a promu des réformes qui ont modifié l'approche tactique de la guerre par l'armée allemande. Le colonel Max Bauer est souvent oublié, alors que son travail au sein de l'OHL fut d'une grande importance. Bauer contacta les patrons de l'industrie allemande pour commencer la production en masse d'armes chimiques, fit partie de l'équipe qui écrivit le manuel *Führung der Abwehrschlacht*, fut l'un des architectes du programme Hindenburg, et a été chargé de la formation de détachements expérimentaux qui ont mené à la création du *Sturmbataillon Rohr* et du *Garde-Reserve-Pionier-Regiment*.

Durant cette même période, les mesures économiques mises en avant par le Plan Hindenburg amenèrent une augmentation significative de la production d'armes. Certains objectifs étaient de doubler la production de munitions, et de tripler la production de mitrailleuses, une arme qui est devenue l'arme à feu principale de l'infanterie durant la guerre.

La mitrailleuse

Dès le début de la guerre, la mitrailleuse était la pire ennemie de l'infanterie, mais aussi son alliée principale, particulièrement dans la position défensive. Grâce à sa vitesse de tir (jusqu'à 500 coups par minute), cette arme causa plus de pertes qu'aucune autre (1). Une seule mitrailleuse bien placée avec un petit groupe d'hommes était suffisante pour tenir contre un ennemi supérieur en nombre : *« Quand nous avons commencé à tirer »*, se rappelle un soldat allemand, *« nous n'avions besoin que de nourrir l'arme de plus de munitions, encore et encore. Ils tombaient par centaines ; il n'y avait pas besoin de viser, juste de leur tirer dessus »*.

À gauche : Des troupes allemandes se dirigeant vers une position ennemie près de Château-Thierry lors de l'offensive de 1918. (Archives de l'auteur)

Une mitrailleuse « MG.08/15 ». Le poids de l'arme avec des bandes pleinement chargées et les refroidisseurs remplis d'eau était d'environ 22 kilogrammes, une réduction significative comparativement au « MG.08 », mais elle restait lourde comparativement aux mitrailleuses légères de l'époque. Le sous-officier sur la photo est armé d'un pistolet « Luger P 08 ». (Archives de l'auteur)

En 1914, les régiments d'infanterie avaient une compagnie de mitrailleurs divisée en trois sections. Chaque section était équipée de deux mitrailleuses, et commandée par l'un des trois bataillons du régiment. Au début de 1916, les bataillons d'infanterie avaient leurs propres compagnies de mitrailleurs, équipées au départ de six mitrailleuses, puis de huit, pour finalement arriver à douze.

Les compagnies de mitrailleurs étaient équipées du « MG.08 », trop lourd pour suivre l'infanterie dans les phases d'assaut. Bientôt, un besoin pour une arme plus légère se fera sentir, et le résultat fut le MG.08/15, bien que les troupes aient utilisé les mitrailleuses capturées (telles que la *Madsen* modèle 1903 ou la *Lewis* modèle 1911) ou continué d'utiliser le MG.08 avec un trépied plus léger jusqu'à l'introduction de la nouvelle arme.

À gauche : Ce soldat d'une compagnie de mitrailleurs de l'*Infanterie-Regiment Nr. 649* porte un harnais spécial pour redistribuer le poids des mitrailleuses « MG.08 » et « MG.08/15 » lors du transport. Ce harnais était à l'origine fait de cuir, mais, durant la guerre, l'on commença à en fabriquer en tissu, tel que celui sur la photo. (Archives de l'auteur)

Au printemps 1917, chaque compagnie d'infanterie avait deux où trois mitrailleuses légères ; ce nombre passa à trois, puis, à partir de février 1918, à six. Un groupe d'hommes était nécessaire pour tirer, charger, et entretenir ces mitrailleuses. Ces groupes avaient pour premier objectif de soutenir de leur feu les fusiliers qui avançaient. (2)

Le groupe de combat

Entre 1914 et 1918, le groupe de combat est devenu la plus petite unité de combat et de tir. Cela n'aurait pas pu être possible sans la mitrailleuse légère, comme la fragmentation de l'infanterie en petites unités diminua sa puissance de feu, ce qui ne pouvait être compensé que par l'utilisation d'armes automatiques. (3) L'équivalence entre la mitrailleuse et les tirs de fusils collectifs des troupes d'infanterie fut le sujet de plusieurs discussions après la guerre, et le consensus général était qu'une mitrailleuse équivalait à cinquante fusils, ce qui signifie qu'en 1918, six mitrailleuses avaient une plus grande puissance de feu qu'une compagnie entière en 1914. (4)

Un groupe de soldats d'infanterie pose pour la photo. Les groupes de combat d'infanterie, tout comme les troupes de choc et d'assaut, étaient composés d'un nombre d'hommes variable, généralement entre cinq et dix, sous le commandement d'un sous-officier ou d'un caporal. (Archives de l'auteur)

Au cours de l'offensive de 1918, les sections d'infanterie étaient organisées en groupes de mitrailleurs et en groupes de fusiliers. Si une compagnie (trois sections) avait six mitrailleuses légères, chaque demi-section (deux par sections) avait un groupe de mitrailleurs et deux groupes de fusiliers qui se soutenaient mutuellement. Les groupes de mitrailleurs étaient les forces les plus importantes, ils étaient donc les premiers à avancer pour gagner du terrain. Les fusiliers avançaient derrière, avec l'objectif général d'avancer jusqu'aux lignes ennemies avec le plus petit nombre de victimes possible. (5)

La Première Guerre mondiale vit le déclin et l'extinction du fusilier comme membre d'une unité où tous les hommes agissaient de la même manière, avec le même équipement, dans la même direction. En fait, en 1918, les groupes de combat n'étaient pas seulement armés de fusils et de mitrailleuses légères, ils étaient aussi armés entre autres de grenades et de pistolets. La combinaison de ces armes, particulièrement la puissance de feu obtenue avec la mitrailleuse, permettait aux groupes de combat d'avoir une grande indépendance tactique. (6)

Contrairement aux lignes de fusiliers, les groupes de combat traversaient le *no man's land* sans structure définie. Ils formaient de petites unités, et avançaient en profondeur de façon dispersée, avec une auto-suffisance qui accrut le pouvoir des sous-officiers et caporaux qui dirigeaient ces forces. Leur besoin de prendre leurs propres décisions sans supervision créa une forte demande d'hommes capables de déléguer et montrant beaucoup d'initiative. L'entre-deux-guerres prit ces concepts très au sérieux, au point de demander aux fantassins de mener un petit groupe d'hommes, si les circonstances le demandaient. (7)

Déploiement en profondeur

Il est de notoriété publique que les troupes d'infanterie en 1914 se battaient de façon linéaire (en formant des lignes ou des chaînes de fusiliers), alors qu'à la fin de la guerre elles se battaient en profondeur, en formant des rangs ou des colonnes. Mais cette affirmation n'est que partiellement vraie. Il est évident que les méthodes de combat étaient différentes en 1918 de celles utilisées en 1914, mais l'essence même du combat n'avait que peu changé. Les règlements en 1914 insistaient sur la nécessité de se déployer en profondeur.

À droite : Image typique du soldat allemand de la fin de la Première Guerre mondiale. Il porte une tunique modèle 1915 et des chaussures avec des bandes molletières. L'apparence du soldat allemand a été influencée par le *Sturmbataillon Nr. 5 (Rohr)*. (Archives de l'auteur)

Un char « A7V Sturmpanzerwagen » portant le numéro de châssis 540. Il avait un motif de camouflage appelé « Buntfarben Anstrich ». Le haut et la coupole arborent une ligne blanche pour être identifiable par les avions. (Tank Museum Bovington/1669-E5)

Bien que les attaques au début de la guerre aient été faites par des fusiliers déployés en ligne, les sections de chaque compagnie étaient actuellement organisées en profondeur ; il y avait une ligne avancée (la ligne de tir), et le reste des hommes s'étendait l'un derrière l'autre derrière la première ligne. Ce que les tactiques conçues entre 1914 et 1918 ont accompli fut d'étendre cette profondeur en utilisant de plus petites unités. Ainsi, alors que les bataillons et les compagnies combattaient en profondeur en 1914, les groupes de combat faisaient de même à la fin de la guerre.

Coordination des armes

Les bataillons d'infanterie ont été transformés en unités avec leurs propres armes de soutien. Alors qu'en 1914 ils étaient presqu'exclusivement armés de fusils, quatre ans plus tard ils avaient un ensemble d'armes aux trajectoires droites et paraboliques de différentes portées, ce qui leur permit de jouir de beaucoup d'autonomie lors des combats. Toutefois, ni les groupes de combat ni les bataillons n'étaient complètement auto-suffisants. Les groupes de combat avaient besoin du support des lance-mines et des bataillons de mitrailleurs lourds, qui avaient besoin de suppléments de régiments d'artillerie.

Bien que la coopération se soit améliorée, elle n'atteint jamais un niveau suffisant, particulièrement en ce qui concerne le soutien de l'artillerie pour l'infanterie. L'infanterie se plaignait généralement de la pauvreté de l'aide fournie par l'artillerie à des moments précis de l'attaque, et les soldats d'infanterie étaient parfois les victimes des tirs de leur propre artillerie. (8)

Pratiquement dès le début de la guerre, un effort de décentralisation et de répartition des divisions d'artillerie en plus petites unités eut lieu. Cela leur permit de coopérer avec d'autres unités sous le commandement de l'infanterie. Toutefois, cette mesure ne parvint pas à régler les problèmes de coopération entre les groupes, et mena à la décision de donner aux troupes d'infanterie leur propre canon.

À gauche : Commandée par Hindenburg et Ludendorff, l'OHL régnait avec une poigne de fer. Alors que les historiens insistent généralement sur les mesures politiques et économiques instaurées par Ludendorff, ils oublient souvent de mentionner son importance dans les réformes tactiques de l'infanterie allemande. (Bibliothèque du Congrès)

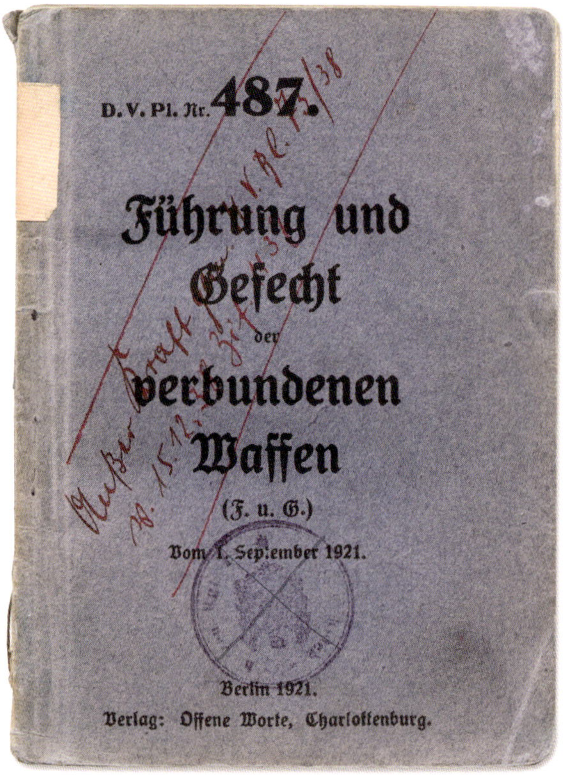

À gauche : Le manuel *Führung und Gefecht der verbundenen Waffen* (*DasFuG*) a été publié en deux volumes, le premier en 1921 et le second deux ans plus tard. La photo montre la couverture du premier volume. (Collection de l'auteur)

À droite : Après la guerre, le général Hans von Seeckt remplaça Hindenburg en tant que Commandant-en-Chef de l'armée allemande. (Archives de l'auteur)

Cette arme, appelée *Infanteriegeschütz* par les Allemands, fut introduite au printemps 1916, quand l'armée française adopta un canon 37 mm destiné aux régiments d'infanterie. À partir de ce moment, l'utilisation de ces armes augmenta des deux côtés, bien que le problème de coopération entre l'artillerie et l'infanterie ne soit toujours pas réglé. Comme la guerre avançait, l'on se mit à croire que la seule façon de régler ce problème était d'enseigner aux deux groupes comment fonctionnait l'autre. Voilà pourquoi, dans la période d'entre-deux-guerres, les soldats à pied devaient apprendre à se servir non seulement de leurs propres armes, mais aussi de celles utilisées par l'artillerie. (9)

La guerre vit la naissance du char, alors que l'aviation, à peine développée en 1914, explosa durant la guerre. En 1918, il n'était pas suffisant pour l'infanterie d'avoir le soutien de l'artillerie, les chars et l'aviation devaient eux aussi intervenir. Ce scénario compliqua davantage la coopération des armes, mais prédit aussi la façon dont la guerre allait se mener dans un futur proche. En fait, les méthodes utilisées par les Allemands durant l'offensive de 1918, avec une collaboration étroite entre l'infanterie, l'armée de l'air, et l'artillerie (les chars étaient toujours considérés comme des armes tactiques secondaires) était un prélude aux opérations d'armes combinées (a) utilisées lors de la Seconde Guerre mondiale.

Après la guerre

Les changements constants des procédures de combat entre 1914 et 1918 influencèrent grandement le développement des tactiques et mena aux opérations d'armes combinées. Au début des années trente, les Allemands avaient une doctrine militaire qui comprenait toutes les leçons apprises durant les quatre années de guerre. (10) Les études de Hans von Seeckt, le général qui commandait l'armée allemande depuis la signature de l'Armistice, étaient fondamentales. Ce célèbre général ordonna la création de plusieurs commissions d'études militaires, pour analyser les tactiques, les opérations, et les atouts de l'armée allemande durant la Première Guerre mondiale. Les résultats les plus pertinents ont été compilés dans un manuel appelé « *Führung und Gefecht der verbundenen Waffen* », qui rassemblait plusieurs des concepts apparus durant la guerre. (11) Ce manuel est devenu une aide fondamentale pour l'entraînement et le combat. Il a été écrit en gardant en tête une armée puissante, et non pas une armée de quelque 100 000 hommes comme celle supposée par la *Reichswehr*, imposée aux Allemands par le Traité de Versailles. (12) Contrairement aux autres manuels d'entraînement de l'époque, le *DasFuG* se concentrait sur la guerre de mouvement, rejetant la guerre statique comme une simple situation circonstancielle. Le manuel insistait aussi sur l'initiative, la délégation de l'autorité, l'élément de surprise, l'esprit offensif, et l'encerclement, qui devait être combiné à une attaque frontale pour former une manœuvre réussie. Ces concepts ont été revus et améliorés plus tard, et compris dans un nouveau manuel, écrit par les généraux Ludwig Beck, Werner von Fritsch, et Otto von Stülpnaegel. Ce manuel, publié entre 1933 et 1934, intitulé *Truppenführung* (Commandement des troupes), était utilisé par les Allemands durant la Seconde Guerre mondiale, bien que plusieurs des idées soient déjà devenues obsolètes en 1939.

Il n'est certes pas surprenant de réaliser à quel point le début de la Seconde Guerre mondiale était une suite des actions en France en 1918. Un officier sur le front de l'Ouest lors des derniers mois de la Première Guerre mondiale aurait compris les opérations d'armes combinées utilisées à partir de 1939. Toutefois, en 1914 ce même officier aurait été beaucoup plus familier avec les tactiques de la guerre Franco-Prussienne de 1870-1871 qu'avec celles qu'il allait rencontrer quatre ans plus tard.

Comme Murray et Millet l'ont mentionné (13), les leçons apprises durant la Première Guerre mondiale ont ouvert un chemin direct vers le futur. Ce qui semble une évidence aujourd'hui l'était beaucoup moins en 1919. Peu de gens pouvaient imaginer qu'un nouveau conflit éclaterait vingt ans plus tard, une confrontation qui serait encore plus destructrice et meurtrière que la guerre qui venait de prendre fin.

(a) L'utilisation conjointe et coordonnée de l'infanterie, de l'artillerie, de l'aviation, et des chars.

Bien que le nombre de « MG.08 » fabriqué soit inconnu, environ 100 000 unités ont probablement été produites. Plusieurs firmes produisaient cette arme, telles que « DMW » à Berlin et l'Arsenal de Spandau, avec la coopération de sous-contracteurs bien connus comme « A.E.G. », « Carl Walther », ou « Theodor Bergmann ». (Archives de l'auteur)

La photo montre un « MG.08 » avec un petit bouclier protégeant le tireur. L'on voit sur la table, ainsi que suspendues au mur, plusieurs grenades « Kugelhandgranaten » modèle 1913 n/A. (Archives de l'auteur)

Un homme d'un détachement de mitrailleurs d'élite. Les boutons sur son col indiquent qu'il s'agit d'un caporal (*Gefreiter*). (Archives de l'auteur)

Troupes d'infanterie en 1919. Ils portent toujours les uniformes de la guerre, bien que certains aient été modifiés. L'un des soldats est armé d'une « MP 18/1 ». Ils portent tous le casque « M18 ». (Archives de l'auteur)

GLOSSAIRE

A

Abteilung	Détachement/ groupe/bataillon
Alpenkorps	Corps alpin
Angriffsdivisionen	Divisions d'attaque
Armee	Armée

B

Bajonett	Baïonnette
Begleitbatterie	Batterie d'artillerie, de soutien
Beutepanzer	Char capturé, de prise
Bewegunskrieg	Guerre de mouvement
Brandhören	Tubes de feu
Brotbeutel	Sac à pain (musette)

D

Dünenstürmer	Troupes d'assaut des dunes
Der Angriff im Stellunskrieg	L'attaque dans la guerre de position
Diskushandgranate	Grenade à main à disque
Dolch	Couteau, dague
Dolchmesser	Dague-couteau

E

Eierhandgranate	Grenade à main ovoïde
Eisenbahntruppen	Troupes de chemin de fer

F

Feldartillerie	Artillerie de campagne
Feldkanone	Canon de campagne
Feldenrekrutendepot	Dépôt de recrutement de campagne
Festung	Forteresse
Festungs-Pionier-Bataillon	Bataillon de sapeurs de forteresse
Feuerwalze	Barrage roulant
Flak auf Wagen Zug	Section de canons anti-aériens montés sur camions
Flammenwerfer	Lance-flammes
Flammenwerfer-Abteilung	Détachement de lance-flammes
Flammenwerfertrupp	Groupe de combat/ Troupe de lances-flammes
Führung der Abwehrschlacht	Instructions pour la bataille défensive
Führung und Gefecht der verbundenen Waffen	Commandement et combat d'armes combinées
Füsilier	Fusilier
Fussartillerie	Artillerie à pied

G

Garde-Kürassier-Regiment	Régiment de cuirassiers de la Garde
Garde-Pionier-Bataillon	Bataillon de sapeurs de la Garde
Garde-Schützen-Bataillon	Bataillon de fusiliers de la Garde
Gastruppen	Troupes de gaz
Geballte Ladung	Charge concentrée
Gebirg	Montagne
Gebirgshaubitze	Obusier de montagne
Gebirgsjäger	Chasseur alpin
Gebirgskanone	Canon de montagne
Gebirgsstiefelhosen	Pantalon des troupes de montagne
Gestreckte Ladung	Charge étendue
Gewehr	Fusil
Grabendolch	Couteau de tranchée
Grabenmagazine	Magasin de tranchée
Grabenpanzer	Plastron d'acier de tranchée

Granate Obus

Granatwerfer Lance-grenades

Greifzüge Sections d'intervention

Großer Flammenwerfer Gros lance-flammes

Gruppe Groupe

H

Halbbataillon Demi-bataillon

Halbzug Demi-section

Handgranatentrupp Détachement de grenadiers

Handnebelbombe Grenade fumigène

Hauptmann Capitaine

I

Infanterie-Division Division d'infanterie

Infanteriegeschütz Canon d'infanterie

Infanteriegeschützbatterie Batterie de canons d'infanterie

Infanterie-Regiment Régiment d'infanterie

J

Jagdkommando Détachement de chasseurs

Jäger Chasseur

K

Kampfschule École de combat

Kanone Canon

Karabiner Carabine

Karpathenkorps Corps des Carpathes

Kavallerie Cavalerie

Kavallerie-Schützen-Divisionen Division de fusiliers de cavalerie

Kleiftrupp Groupe de lance-flammes

Kleiner Flammenwerfer Petit lance-flammes

Kompanie Compagnie

Korporalschaft Équipe

Korps Corps

Kraftfahrtruppen Troupes de véhicules moteurs

Kugelhandgranate Grenade sphérique

Kugelhandgranate mit Stiel Grenade sphérique à manche

Kugelhandgranate mit Uhrwerkzünder Grenade sphérique à détonateur à retardement

L

Lauerpatrouille Patrouille de chasse

Leuchtpistole Pistolet de détresse, éclairant

Leutnant Sous-lieutenant

M

M.G. Scharfschützen-Abteilung Détachement de mitrailleurs d'élite

M.G. Scharfschützen-Trupps Groupe de mitrailleurs d'élite

Marine-Division Division de marine

Marineinfanterie-Regiment Régiment d'infanterie de marine

Marinekorps Flandern Corps de marine de Flandres

Marine-Pionier-Kompanie Compagnie de sapeurs de marine

Marine-Sturmabteilung Détachement d'assaut de marine

Maschinengewehr Mitrailleuse

Maschinengewehrtruppen Troupes de mitrailleurs

Maschinenpistole Pistolet-mitrailleur

Matrosen-Regiment Régiment de marins

Messer Couteau

Minenwerfer Lance-mines

Mörser Mortier

N

Nahkampf Combat rapproché

O

Oberleutnant Lieutenant

Oberste Heeresleitung Commandement Suprême de l'Armée de terre

Offizierpatrouille Patrouille d'officiers

Offizierstellvertreter Officier suppléant

P

Patronentragegurt	Bandoulière
Patrouillenkommando	Détachement de patrouille
Patrouillentrupp	Détachement de patrouille
Pickelhaube	Casque à pointe
Pionier	Sapeur
Pionier-Bataillon	Bataillon de sapeurs
Pionier-Belagerungstrains	Trains de sièges de sapeurs
Pionier-Versuchsabteilung	Détachement d'essai
Pionier-Regiment	Régiment de sapeurs
Pistole	Pistolet

R

Regiment	Régiment
Reserve	Réserve
Reserve-Jäger-Bataillon	Bataillon de chasseurs de réserve
Reservekompanie	Compagnie de réserve
Reservekorps	Corps de réserve

S

Schlachtstaffeln	Escouade d'aviation pour les attaques au sol
Schütze	Fusilier
Seitengewehr	Baïonnette
Spähtrupp	Patrouille d'observation
Stahlhelm	Casque d'acier
Stellung	Emplacement, position
Stellungdivisionen	Divisions de tranchées
Stellungskrieg	Guerre de tranchée, de position
Stielhandgranate	Grenade à manche
Stirnschild	Bouclier du casque d'acier
Stosstruppe	Groupe de choc de section, groupe de choc de compagnie
Stosskompanie	Compagnie de choc de division
Stosstrupp	Groupe ou détachement de choc
Stosstruppen	Troupes de choc
Stosstrupptaktik	Tactique de troupe de choc
Stosszug	Groupe, détachement, ou section de choc
Streifpatrouille	Patrouille de reconnaissance
Sturmabteilung	Détachement d'assaut
Sturmbataillon	Bataillon d'assaut
Sturmbatterie	Batterie d'assaut
Sturmbegleitkanone	Canon d'assaut de soutien
Sturmkanone	Canon d'assaut
Sturmkompanie	Compagnie d'assaut
Sturm-Lehrkursus	Cours d'assaut
Sturm-Panzerkraftwagen-Abteilungen	Détachements d'assaut de véhicules blindés
Sturmpionier	Sapeur d'assaut
Sturmschule	École d'assaut
Sturmtruppen	Troupes d'assaut

T

Totenkopfpioniere	Sapeurs tête de mort
Trupp	Principalement un groupe de combat, mais aussi un détachement, ou une section, selon le nombre d'hommes.
Truppenführung	Commandement de troupes

U

Übungshandgranate	Grenade d'entraînement

Z

Zug	Section

NOTES

Introduction

(1). LAPARRA, Jean-Claude. ***Les Gladiateurs. Les formations offensives dans l´Armée allemande (1914-1918).*** Condé-sur-Noireau : Ysec, 2007, p. 41.

(2). JÜNGER, Ernst. ***Storm of Steel.*** London : Penguin Books, LTD, 2004, pp. 235 à 237.

(3). LAPARRA, Jean-Claude. ***La machine à vaincre. L´Armée Allemande 1914-1918.*** Mercues : 14-18 Éditions, 2006, p.164.

(4). DRURY, Ian. ***Tropas de asalto alemanas de la Primera Guerra Mundial.*** Barcelona : RBA (collection Fuerzas de elite, 2009, p. 7.

(5). Ibidem.

Vue d'ensemble

(1). RICHTER, Oliver. ***Sturmtruppen. The Kaiser´s Elite Stormtroopers.*** Erlangen : Tankograd Publishing (Tankograd-World War One, N° 1002), 2010, p. 4.

(2). GOLTZ, Jorge von der. ***¿Qué debe saber y conocer el infante alemán para el combate?*** Madrid : Establecimiento tipográfico "El trabajo," 1907, p. 9.

(3). AHUMADA, Fernando. ***La infantería en la Gran Guerra. Su evolución táctica.*** Toledo : Colegio de María Cristina para Huérfanos de la Infantería, 1928, pp. 33 à 35 et 56.

(4). GÁNDARA MARSELLA, Luis de la. ***Moderna técnica de la infantería.*** Madrid : Imprenta y Encuadernación de Julio Cosano, 1922, p. 252.

(5). AHUMADA, Fernando, op. cit., p. 98.

(6). LUDENDORFF, Erich. ***Mis recuerdos de la guerra.*** Barcelona : Industrias Gráficas Seix & Barral Herms, 1920, p. 389.

(7). LAPARRA, Jean-Claude. ***La machine à vaincre...***, op.cit., pp.145 à 146 et 161 à 163 ; VV.AA.. ***Ce qu´il faut savoir de l´Armée allemande.*** Paris : Henri Charles-Lavauzelle, 1918, pp. 60 et 61 ; NAUD, Philippe. ***Les Sturmtruppen de l´Armée allemande.*** Histoire & Collections (Hors-Série Batailles N° 9), Paris, 2006, p. 10.

(8). LAPARRA, Jean-Claude. ***Les Gladiateurs...***, op.cit., pp. 14 à 21.

(9). LAPARRA, Jean-Claude. ***La machine à vaincre...***, op. cit., pp. 164 et 165 ; NAUD, Philippe. op. cit., pp. 20 et 21.

Troupes de choc

(1). LAPARRA, Jean-Claude. ***Les Gladiateurs...***, op.cit., p. 33 ; LAPARRA, Jean-Claude. ***La machine à vaincre...***, op.cit., p. 219.

(2). GRIFFON, Charles Henri Clément et MÉRA, Jean Albert Édouard. ***Recueil de Documents Militaires Allemands.*** Paris : Libraire Chapelot, 1920, p. 6 ; VV.AA.. ***Ce qu´il...***, p. 52.

(3). LAPARRA, Jean-Claude. ***Les Gladiateurs...***, op.cit., p. 36.

(4). Ibidem, p. 36.

(5). Ibidem, pp. 29 à 32.

(6). VV.AA.. ***Ce qu´il...***, pp. 61 à 63.

(7). LAPARRA, Jean-Claude. ***Les Gladiateurs...***, op.cit., pp. 29 à 31 ; MURRAY, Williamson et MILLET, Allan. ***La guerra que había que ganar. Historia de la Segunda Guerra Mundial.*** Barcelona : Crítica, 2006, p. 44 ; CITINO, Robert M.. ***La muerte de la Wehrmacht. Las campañas de 1942.*** Barcelona : Crítica, 2009, p. 15 ; CONDELL, Bruce et T. ZABECKI, David. ***Wehrmacht. El arte de la guerra alemán (Truppenführung).*** Madrid : La esfera de los libros, 2009, pp. 23 et 24 ; DRURY, Ian. op.cit., pp. 64 à 65 ; STONE, Norman. ***Breve historia de la Primera Guerra Mundial.*** Barcelona : Ariel, 2008, p.130.

(8). LAPARRA, Jean-Claude. ***La machine à vaincre...***, op.cit., p. 164 ; LAPARRA, Jean-Claude et HESSE, Pascal. ***Le Sturmbataillon Rohr (1916-1918).*** Paris : Histoire & Collections, 2010, p. 6.

Troupes d'assaut

(1). WICTOR, Thomas. ***German Assault Troops of World War I.*** Altglen : Schiffer Military History, 2012, p. 24.

(2). LAPARRA, Jean-Claude. ***Les Gladiateurs...***, op.cit., pp. 16 et 51 à 53 ; RICHTER, Oliver. ***Sturmtruppen...***, op.cit., p. 10 ; DRURY, Ian. op.cit., pp. 9 et 10 ; LAPARRA, Jean-Claude. ***La machine à vaincre...***, op.cit., p. 164. BULL, Stephen. ***German Assault Troops of the First World War. Stosstrupptaktik : The First Stormtroopers.*** Gloucestershire : Spellmount, 2007, p. 44.

(3). LAPARRA, Jean-Claude. ***Les Gladiateurs...***, op.cit., pp. 53 et 54 ; GUDMUNDSSON, Bruce. ***Stormtroop Tactics. Innovation in the German Army 1914-1918.*** Westport : Praeger, 1989, p. 46 ; DRURY, Ian. op.cit, pp. 9 et 10 ; NAUD, Philippe. op.cit., pp. 12 à 15 ; RICHTER, Oliver. ***Sturmtruppen...***, op.cit., pp. 10 et 11.

(4). OSKAR, Prinz von Preussen. ***Die Winterrschlacht in der Champagne***, 1915, p.12 ; LAPARRA, Jean-Claude. Les Gladiateurs..., op.cit., pp. 52 et 54 ; NAUD, Philippe. op.cit., pp. 12 à 15 ; RICHTER, Oliver. Sturmtruppen..., op.cit., pp. 9 et 37 à 39.

(5). LAPARRA, Jean-Claude. ***La machine à vaincre...***, op.cit., pp. 54 à 56 ; GUDMUNDSSON, Bruce. op.cit., p. 46 ; RICHTER, Oliver. ***Sturmtruppen...***, op.cit., pp. 11 et 13.

(6). LAPARRA, Jean-Claude. ***Les Gladiateurs...***, op.cit., pp. 54 et 58.

(7). NAUD, Philippe. op.cit., p. 14 ; WILLIMOTT, H. P. ***La Primera Guerra Mundial.*** Barcelona : Inédita Editores, 2004, p. 107 ; GUDMUNDSSON, Bruce. op.cit., p. 46 ; RICHTER, Oliver. Sturmtruppen..., op.cit., p. 13 ; LAPARRA, Jean-Claude. ***Les Gladiateurs...***, op.cit., p. 57.

(8). NAUD, Philippe. op.cit., p. 15; GUDMUNDSSON, Bruce. op.cit., p. 46; Richter, Oliver. ***Sturmtruppen...***, op.cit., p. 13.

(9). LAPARRA, Jean-Claude. ***Les Gladiateurs...***, op.cit., pp. 60 et 96; LAPARRA, Jean-Claude et HESSE, Pascal. ***Le Sturmbataillon Rohr...***, op.cit., pp. 33 et 34; KILLIAN, Hans Franz Edmund. ***Totentanz auf Hartmannsweiler Kopf 1914-1917.*** Neckargemünd: K. Vowinckel, 1972.

(10). LAPARRA, Jean-Claude et HESSE. Pascal ***Le Sturmbataillon Rohr...***, op.cit., p. 11; LAPARRA, Jean-Claude. ***Les Gladiateurs...***, op.cit., pp. 59 et 60; RICHTER, Oliver. ***Sturmtruppen...***, op.cit., p. 13.

(11). GUDMUNDSSON, Bruce. op.cit., p. 47; RICHTER, Oliver. ***Sturmtruppen...***, op.cit., p. 13.

(12). LAPARRA, Jean-Claude et HESSE, Pascal. ***Le Sturmbataillon Rohr...***, op.cit., p.15; LAPARRA, Jean-Claude. ***Les Gladiateurs...***, op.cit., p. 66; RICHTER, Oliver, ***Sturmtruppen...***, op.cit., pp. 13 et 14; GUDMUNDSSON, Bruce. op.cit., p. 48.

(13). NAUD, Philippe. ***Les Sturmtruppen...***, op.cit., p. 17; LAPARRA, Jean-Claude. ***Les Gladiateurs...***, op.cit., p. 63; RICHTER, Oliver. ***Sturmtruppen...***, op.cit., p.14.

(14). DRURY, Ian. op.cit., p. 28; LAPARRA, Jean-Claude. ***Les Gladiateurs...***, op.cit., pp. 66 à 69; NAUD, Philippe. op.cit., p. 17; RICHTER, Oliver. ***Sturmtruppen...***, op.cit., p.14.

(15). GUDMUNDSSON, Bruce. op.cit., p. 49; LAPARRA, Jean-Claude. ***Les Gladiateurs...***, op.cit., pp. 61 à 67; LAPARRA, Jean-Claude et HESSE, Pascal. ***Le Sturmbataillon Rohr...***, op.cit., p. 9; RICHTER, Oliver. ***Sturmtruppen...***, op.cit., pp. 4 et 14.

(16). DRURY, Ian. op.cit., pp. 9 à 12; GUDMUNDSSON, Bruce. op.cit., pp. 47 et 49; RICHTER, Oliver. ***Grabenkrieg. German Trench Warfare.*** Erlangen: Tankograd Publishing (Tankograd-World War One, N° 1006), 2012, p. 56; LAPARRA, Jean-Claude. ***Les Gladiateurs...***, op.cit., pp. 69.

(17). LAPARRA, Jean-Claude et HESSE, Pascal. ***Le Sturmbataillon Rohr...***, op.cit., p. 8 et 15.

(18). RICHTER, Oliver. ***Sturmtruppen...***, op.cit., p. 15; GRASSET, A. Verdun. ***Le premier choc à la 72e Division. Brabant - Haumont - Le bois des Caures (21-24 février 1916).*** Paris: Berger Levrault, 1926, pp. 8 à 14.

(19). LAPARRA, Jean-Claude. ***Les Gladiateurs...***, op.cit., p. 70.

(20). RICHTER, Oliver. ***Sturmtruppen...***, op.cit., p.17.

(21). LAPARRA, Jean-Claude et HESSE. Pascal. ***Le Sturmbataillon Rohr...***, op.cit., pp. 11 et 80 à 81.

(22). NAUD, Philippe. op.cit., p. 18; LAPARRA, Jean-Claude. ***Les Gladiateurs...***, op.cit., pp. 95 à 96 et 121 à 122; RICHTER, Oliver. ***Sturmtruppen...***, op.cit., p.15.

(23). LAPARRA, Jean-Claude. ***Les Gladiateurs...***, op.cit., pp. 96 à 97 et 268.

(24). LAPARRA, Jean-Claude. ***Les Gladiateurs...***, op.cit., pp. 106 et 107; NAUD, Philippe. op.cit., p. 20.

(25). LAPARRA, Jean-Claude. ***Les Gladiateurs...***, op.cit., pp. 107 et 114 à 115; LAPARRA, Jean-Claude. ***La machine à vaincre***, op.cit., p. 165.

(26). LAPARRA, Jean-Claude. ***Les Gladiateurs...***, op.cit., pp. 109 à 111; LAPARRA, Jean-Claude et HESSE, Pascal. ***Le Sturmbataillon Rohr...***, op.cit., p. 74.

(27). NAUD, Philippe. op.cit., p. 22; LAPARRA, Jean-Claude. ***Les Gladiateurs...***, op.cit., pp. 109 et 111.

(28). NOESKE, Rolf et P. STEFANSKI, Claus. ***Die Deutschen Marinen (1818-1918) (Vol.2).*** Vienna: Verlag Militaria, 2012, pp. 926 à 930; RICHTER, Oliver. ***Sturmtruppen...***, op.cit., pp. 17, 18 et 30; NAUD, Philippe. op.cit., pp. 22 et 23; LAPARRA, Jean-Claude. ***Les Gladiateurs...***, op.cit., pp. 123 et 270.

(29). LUDENDORFF, Erich. op.cit., pp. 277 et 278; LAPARRA, Jean-Claude. ***Les Gladiateurs...***, op.cit., p. 125; RICHTER, Oliver. ***Sturmtruppen...***, op.cit., pp. 17 à 19; LAPARRA, Jean-Claude. ***Les Gladiateurs...***, op.cit., p. 269.

(30). LAPARRA, Jean-Claude. ***Les Gladiateurs...***, op.cit., pp. 124 à 128.

(31). LAPARRA, Jean-Claude. ***Les Gladiateurs...***, op.cit., pp.129 et 270 à 271; LUDENDORFF, Erich. op.cit., pp. 587 à 590.

(32). GUDMUNDSSON, Bruce. op.cit., pp. 84 à 87; NEIBERG, Michael S.. ***La Gran Guerra. Una historia global (1914-1918).*** Barcelona: Paidós, p. 213.

(33). RICHTER, Oliver. ***Sturmtruppen...***, op.cit., p.19.

(34). LAPARRA, Jean-Claude. ***Les Gladiateurs...***, op.cit., pp. 128 à 129 et 270; LAPARRA, Jean-Claude et HESSE, Pascal. ***Le Sturmbataillon Rohr...***, op.cit., p. 81.

(35). LAPARRA, Jean-Claude. ***Les Gladiateurs...***, op.cit., pp. 129 et 269 à 270.

(36). CRON, Hermann. ***Imperial German Army 1914-18: Organisation, Structure and Orders-of-Battle.*** Solihull: Helion & Company, 2008, p.120; DRURY, Ian. op.cit., pp. 3 et 20.

Sapeurs tête de mort: lance-flammes

(1). WICTOR, Thomas. ***German Flamethower Pioneers of World War I.*** Atglen: Schiffer Military History, 2007, pp. 10 à 24.

(2). LAPARRA, Jean-Claude. ***Les Gladiateurs...***, op.cit., pp. 177 à 179.

(3). CRON, Hermann. op.cit., p. 169; LAPARRA, Jean-Claude, ***La machine à vaincre...***, op. cit., p. 104; ORTHOLAN, H.. ***L´Armée allemande en 1918.*** Saint-Cloud: 14-18 Éditions, 2009, p. 64.

(4). LAPARRA, Jean-Claude. ***Les Gladiateurs...***, op.cit., p. 178; GUDMUNDSSON, Bruce. op.cit., p. 44.

(5). LAPARRA, Jean-Claude. ***Les Gladiateurs...***, op.cit., pp. 181, 195 et 196; CRON, Hermann. op.cit., p. 168; GUDMUNDSSON, Bruce. op.cit., p. 45.

(6). LAPARRA, Jean-Claude. ***Les Gladiateurs...***, op.cit., p. 199; CRON, Hermann. op.cit., p. 169.

(7). WICTOR, Thomas. ***German Flamethower...***, op.cit., pp. 219 à 222.

(8). LAPARRA, Jean-Claude. ***Les Gladiateurs...***, op.cit., pp. 196 à 197; LAPARRA, Jean-Claude et HESSE, Pascal. ***Le Sturmbataillon Rohr...***, op.cit., pp. 82 et 97.

(9). LAPARRA, Jean-Claude. ***Les Gladiateurs...***, op.cit., pp.177; CRON, Hermann. op.cit., p. 169; DRURY, Ian. op.cit., p.11.

La nouvelle infanterie

(1). NEIBERG, Michael S.. op.cit., pp. 167 et 168; GILBERT, Martin. ***La Primera Guerra Mundial***, Madrid: La esfera de los libros, 2011, pp. 375 et 376.

(2). LUDENDORFF, Erich. op.cit., p. 251.

(3). Ibidem, p. 269.

(4). Ibidem, pp. 269 à 278.

(5). Ibidem, p. 278.

(6). LAPARRA, Jean-Claude. ***La machine à vaincre...***, op. cit., pp. 199; HOWARD, MIchael. ***La Primera Guerra Mundial.*** Barcelona: Crítica, 2008, p. 119.

(7). LUDENDORFF, Erich. op.cit., p. 389.

(8). Ibidem, pp. 275 à 277.

(9). Ibidem, p. 309.

(10). LAPARRA, Jean-Claude. ***La machine à vaincre...***, op. cit., p. 197; D´ALMEIDA, P. Camena. ***L´armée allemande avant et pendant la guerre de 1914-1918.*** Paris: Berger Levrault, 1919, pp. 223 à 236.

(11). Ibidem, pp. 197 et 198.

(12). HOWARD, Michael. op.cit., p. 12; NEIBERG, Michael S.. op.cit., p. 227; GILBERT, Martin. op.cit., p. 408.

(13). LAPARRA, Jean-Claude. ***La machine à vaincre...***, op. cit., p. 199.

(14). NEIBERG, Michael S.. op.cit., p. 227.

(15). LUDENDORFF, Erich. op.cit., pp. 388 et 389; PARKER, Geoffrey (Ed.), ***Historia de la guerra.*** Madrid: Akal, 2010, p. 298.

(16). LUDENDORFF, Erich. op.cit., p. 390.

(17). Ibidem, p. 391.

(18). CRON, Hermann. op.cit., 122; LAPARRA, Jean-Claude. ***La machine à vaincre...***, op. cit., p. 192.

(19). LUDENDORFF, Erich. op.cit., p. 389; PARKER, Geoffrey (Ed.). op.cit., p. 298.

(20). LAPARRA, Jean-Claude. ***La machine à vaincre...***, op. cit., pp. 207 et 208.

(21). LUDENDORFF, Erich. op.cit., p. 277.

(22). LAPARRA, Jean-Claude. ***Les Gladiateurs...***, op.cit., p.19

(23). Ibidem, p. 125.

(24). RICHTER, Oliver. ***Sturmtruppen...***, op.cit., pp. 17 à 19; DRURY, Ian. op.ct., p. 10; LAPARRA, Jean-Claude. ***Les Gladiateurs...***, op.cit., p. 269.

(25). AHUMADA, Fernando. op.cit., pp. 145 et 146; NEIBERG, Michael S.. op.cit., pp. 215 à 218; WILHELM (Kronprinz), ***Souvenirs de Guerre du Kronprinz.*** Paris: Payot, 1923, p. 371.

(26). QUERO RODILES, Felipe. ***Historia de la Primera Guerra Mundial. De la caballería al carro de combate.*** Madrid: Silex, 2009, p. 527.

(27). LUDENDORFF, Erich. op.cit., pp. 587 à 589; WILHELM (Kronprinz). op.cit., pp. 373 et 374; KOELTZ, L.. ***La bataille de France (21 mars - 5 avril 1918)***, Paris: Payot, 1928, pp. 10 à 81; LOIZEAU. ***La stratégie allemande en 1918.*** Paris: Berger-Levrault, 1934, pp. 1 à 55.

(28). NEIBERG, Michael S.. op.cit., p. 303.

(29). LUDENDORFF, Erich. op.cit., p. 589.

(30). PARKER, Geoffrey (Ed.). op.cit., p. 305.

(31). MURRAY, Williamson et MILLET, Allan. op.cit., p. 39.

(32). LUDENDORFF, Erich. op.cit., p. 588.

(33). Ibidem, p. 586.

(34). BUAT. ***L´armée allemande pendant la Guerre de 1914-1918. Grandeur et décadence.*** Paris: Libraire Chapelot, 1920, p. 55.

(35). NÉRÉ, Jacques. ***Historia contemporánea.*** Barcelona: Labor, 1980, p. 421.

(36). NEIBERG, Michael S.. op.cit., p. 298.

(37). LUDENDORFF, Erich. op.cit., p. 591.

(38). WILHELM (Kronprinz), op.cit., p. 371.

(39). CARRIAS, Eugene. ***L´armée allemande. Histoire, organisation et tactique.*** Paris: Berger-Levrault, 1938, p. 99; Paquet. ***La défaite militaire de l ´Allemagne en 1918. L´usure des effectifs allemands. La stratégie allemande et la manoeuvre des Alliés.*** Paris: Berger-Levrault, 1925, p. 12; LAPARRA, Jean-Claude. ***L´Armée allemande face à la plus grande tâche de son histoire.*** Paris: Histoire & Collections (Batailles N° 27), pp. 16 à 29.

(40). BUAT. ***L´armée allemande...***, op.cit., p. 54.

(41). AHUMADA, Fernando. op.cit., p. 146; LUDENDORFF, Erich. op.cit., pp. 510 et 542 à 543; BUAT. ***Hindenburg et Ludendorff. Stratèges.*** Paris: Berger-Levrault, 1923, p. 214.

(42). BUAT. ***L´armée allemande...***, op.cit., pp. 53 et 58.

(43). Ibidem, p. 55.

(44). LAPARRA, Jean-Claude. ***L´Armée allemande face à la plus...***, op.cit., p. 27.

(45). LAPARRA, Jean-Claude. ***La machine à vaincre...***, op. cit., p. 254; HOWARD, MIchael, op.cit. pp. 145 et 146.

(46). LUDENDORFF, Eric. op.cit., pp. 581 et 582.

(47). AHUMADA, Fernando. op.cit., pp. 147 et 148.

(48). LUDENDORFF, Erich. op.cit., p. 571.

(49). WICTOR, Thomas. ***German Assault Troops...***, op.cit., pp. 63 et 64; BULL, Stephen. op.cit., pp. 39 à 43.

(50). NEIBERG, Michael S.. op.cit., pp. 213 à 215; GUDMUNDSSON, Bruce I.. op.cit., pp. 114 et 115; PARKER, Geoffrey (Ed.). op.cit., pp. 299 et 300; FERNÁNDEZ-MAYORALES, Antonio. ***Guerra de trincheras. Frente occidental (1914-1918).*** Madrid: Andrea Press, 2009, pp. 39 à 41; DUTRÔNE, Christophe. ***L´artillerie allemande (1914-1918).*** Paris: Histoire & Collections (Hors-Série Batailles N° 4), 2005, p. 69.

(51). LAPARRA, Jean-Claude. ***Les Gladiateurs...***, op.cit., pp. 20 à 21 et 241.

(52). Ibidem, p. 240.

(53). KOELTZ, L.. op.cit., pp. 105 à 106 et 118 à 121.

(54). LUDENDORFF, Erich. op.cit., pp. 581 et 582; LAPARRA, Jean-Claude. ***La machine à vaincre...***, op. cit., p. 254.

(55). PARKER, Geoffrey (Ed.). op.cit., p. 305.

(56). LAPARRA, Jean-Claude. ***Les Gladiateurs...***, op.cit., pp. 239 à 242; DOUCHY. ***Le grand état-major allemand***, Paris: Payot, p. 152.

(57). LAPARRA, Jean-Claude. La machine à vaincre..., op. cit., p. 237.

(58). LAPARRA, Jean-Claude. ***Les Gladiateurs...***, op.cit., pp. 240 à 242; LUDENDORFF, Erich. op.cit., p. 573.

(59). LAPARRA, Jean-Claude. ***La machine à vaincre...***, op. cit., pp. 210 et 227.

(60). ***A survey of German Tactics***, US Army (Historical Section-General Staff-Tactical Studies N°1), 1918, p. 7.

(61). LUCAS. ***Lo que todo jefe debe saber. Instrucción complementaria para la aplicación de los reglamentos.*** Madrid: Colección Bibliográfica Militar, 1931, pp. 74 et 75; LUDENDORFF, Erich. op.cit., p. 571.

(62). KOELTZ, L.. op.cit., p. 119.

(63). LUDENDORFF, Erich. op.cit., p. 573.

(64). KOELTZ, L.. op.cit., p. 119 et 120; AHUMADA, Fernando. op.cit., p. 152; LAPARRA, Jean-Claude. ***Les Gladiateurs...***, op.cit., pp. 242 à 248; PARKER, Geoffrey (Ed.). op.cit., p. 305.

(65). AHUMADA, Fernando. op.cit., p. 152.

(66). VV.AA.. ***A survey of German...***, op.cit., pp. 9 et 10; LUCAS. op.cit., pp. 124 et 125.

(67). LUDENDORFF, Erich. op.cit., p. 575.

(68). GUERRERO, J.C.. ***De las nuevas armas. Aviación, guerra química, carros de combate.*** Leipzig: Rudolf Schick & Co., 1929, pp. 14 et 15.

(69). AHUMADA, Fernando. op.cit., pp. 147 et 148.

(70). LUDENDORFF, Erich. op.cit., p. 587.

(71). HOWARD, Michael. op.cit., 146; QUERO RODILES, Felipe. op.cit., p. 525.

(72). LUDENDORFF, Erich. op.cit., pp. 573 et 574.

(73). LAPARRA, Jean-Claude. ***La machine à vaincre...***, op. cit., p. 235.

(74). STRASHEIM, Rainer. ***Sturmpanzer A7V. First of the Panzers.*** Erlangen: Tankograd Publishing (Tankograd-World War One, N° 1001), 2010, pp. 5, 20, 29 et 36.

(75). STRASHEIM, Rainer. ***Beute-Tanks. British Tanks in German Service (Vol.1)***, Erlangen: Tankograd Publishing (Tankograd-World War One, N° 1003), 2011, pp. 20, 29 et 36.

(76). RICHTER, Oliver. ***Sturmtruppen...***, op.cit., p. 26.

(77). GUERRERO, J.C.. op.cit., pp. 78 et 79.

(78). VERA. ***La artillería y su evolución en la Gran Guerra***, Madrid: Colección Bibliográfica Militar, 1930, p. 69; LUDENDORFF, Erich. op.cit., pp. 575 et 576; KOELTZ, L.. op.cit., pp. 122 et 125.

(79). VERA. op.cit., p. 104.

(80). Ibidem, p. 115.

(81). Ibidem, pp. 124 à 129.

(82). PARKER, Geoffrey (Ed.). op.cit., p. 296.

(83). CULMANN, F.. ***Tactique générale d´après l´expérience de la Grande Guerre.*** Paris: Charles Lavauzelle, 1926, pp. 640 à 641.

(84). PITA, René. ***Armas químicas. La ciencia en manos del mal.*** Madrid: Plaza y Valdés Editores, 2008, pp. 37 et 44.

(85). VERA, op.cit., p. 25.

(86). GOYA, Michel. ***La chair et l´acier. L´invention de la guerre moderne (1914-1918).*** Paris: Tallandier, 2004, p. 280; VERA. op.cit., pp. 115 et 116.

(87). FERNÁNDEZ-MAYORALES, Antonio. op.cit., p. 31.

(88). LUDENDORFF, Erich. op.cit., p. 593; ***Hindenburg, Paul von. Memorias de mi vida.*** Madrid: Biblioteca de "El Sol", 1920, p. 344; LAPARRA, Jean-Claude. ***La machine à vaincre...***, op. cit., p. 182.

(89). PARKER, Geoffrey (Ed.). op.cit., p. 305.

(90). LAPARRA, Jean-Claude. ***Les Gladiateurs...***, op.cit., p. 251.

(91). WILLMOTT, H.P.. op.cit., p. 229; MORROW, John H. ***La Gran Guerra.*** Barcelona: Edhasa, 2008, pp. 426 et 427.

(92). RICHTER, Oliver. ***Sturmtruppen...***, op.cit., p. 24.

(93). WILLMOTT, H.P.. op.cit., p. 230.

(94). NEIBERG, Michael S.. op.cit., pp. 214 et 215.

(95). LAPARRA, Jean-Claude. ***La machine à vaincre...***, op. cit., pp. 194 et 259; CONQUET. ***La bataille de Caporetto dans le cadre des opérations sur le front italien.*** Paris: Librairie Plon, 1936, pp. 108 à 132.

(96). NEIBERG, Michael S.. op.cit., p. 215.

(97). Ibidem, p. 214.

(98). VERA. op.cit., pp. 141 et 142; LUDENDORFF, Erich. op.cit., pp. 576 et 596.

(99). LEYEN, von der. ***La cooperación de las armas.*** Madrid. Colección Bibliográfica Militar, 1930, p. 67.

(100). VERA (comandante). op.cit., p. 143.

(101). GASCOUIN. ***Evolución de la artillería durante la guerra.*** Valencia: Imprenta de Vicente Taroncher, 1922, pp. 197 et 198.

(102). LEYEN, von der. op.cit., pp. 61 et 62; VERA. op.cit., pp. 220 et 221.

Armes, équipement et insignes

(1). GÁNDARA MARSELLA, Luis de la. op.cit., p. 52.

(2). LUDENDORFF, Erich. op.cit., p. 276.

(3). GÁNDARA MARSELLA, Luis de la. op.cit., p. 54; HOGG, Ian. ***Granadas y morteros.*** Madrid: San Martín, 1975, p. 13.

(4). RICHTER, Oliver. ***Grabenkrieg...***, op.cit., p. 102.

(5). HOGG, Ian. op.cit., p. 14; WICTOR, Thomas. ***German Assault Troops...***, op.cit., p. 14; HUON, Jean. ***Les armes allemandes en 1914-1918.*** Chaumont: Crépin-Leblond, 2005, p. 35.

(6). FLEISCHER, Wolfgang. ***Deutsche Handgranaten (1914-1945).*** Wölfersheim-Berstadt: Pozun Pallas (Verlag Waffen Arsenal, Band 174), 1998, pp. 6 et 7.

(7). HOGG, Ian. op.cit., p. 15; LAPARRA, Jean-Claude. ***La machine à vaincre...***, op. cit., p. 145; RICHTER, Oliver. ***Grabenkrieg...***, op.cit., p. 102.

(8). HUON, Jean. op.cit., pp. 35 à 38; GÁNDARA MARSELLA, Luis de la. op.cit., p. 56; FLEISCHER, Wolfgang. op.cit., pp. 3 à 14; WICTOR, Thomas. ***German Assault Troops...***, op.cit., pp. 191 et 192.

(9). LAPARRA, Jean-Claude. ***Les Gladiateurs...***, op.cit., pp. 29 et 30; LAPARRA, Jean-Claude et HESSE, Pascal. ***Le Sturmbataillon Rohr...***, op.cit., p. 66; WICTOR, Thomas. ***German Assault Troops...***, op.cit., pp. 193 et 194.

(10). HUON, Jean. op.cit., p. 38; WICTOR, Thomas. ***German Assault Troops...***, op.cit., p. 191.

(11). LAPARRA, Jean-Claude. ***Les Gladiateurs...***, op.cit., p. 90; RICHTER, Oliver. Grabenkrieg..., op.cit., p. 118; HUON, Jean. op.cit., p. 21.

(12). NAUD, Philippe. op.cit., p. 28; RICHTER, Oliver. ***Sturmtruppen...***, op.cit., p. 17.

(13). BRUCE, Robert. ***Machine Guns of World War I***, Rambsbury: The Crowood Press, 1997, pp. 46 à 57; RICHTER, Oliver. ***Grabenkrieg...***, op.cit., p. 137; WEEKS, John. Armas de infantería. Madrid: San Martín, 1980, pp. 37 et 38.

(14). LAPARRA, Jean-Claude. ***La machine à vaincre...***, op. cit., pp. 247 et 248; RICHTER, Oliver. ***Grabenkrieg...***, op.cit., p. 137.

(15). HUON, Jean. op.cit., pp. 8 et 9; WEEKS, John. op.cit., pp. 29 et 30.

(16). HUON, Jean. op.cit., p. 9.

(17). WEEKS, John. op.cit., pp. 30 et 31; HUON, Jean. op.cit., pp. 11 et 12.

(18). RICHTER, Oliver. ***Grabenkrieg. German Trench Warfare.*** Erlangen: Tankograd Publishing (Tankograd-World War One, N° 1005), 2012, p. 102; LAPARRA, Jean-Claude. ***Les Gladiateurs...***, op.cit., p. 263.

(19). FERNÁNDEZ-MAYORALES, Antonio. op.cit., p. 89; RICHTER, Oliver. ***Grabenkrieg...***, p. 102.

(20). RICHTER, Oliver. ***Sturmtruppen...***, op.cit., p. 19.

(21). Ibidem, p. 92.

(22). LAPARRA, Jean-Claude. ***Les Gladiateurs...***, op.cit., p. 263; FOSTEN, DSV et MARRION, RJ, The German Army (1914-1918). Oxford: Osprey (Men at Arms, N° 80), 2005, pp. 38 et 39.

(23). LAPARRA, Jean-Claude et HESSE, Pascal. ***Le Sturmbataillon Rohr...***, op.cit., p. 80; LAPARRA, Jean-Claude. ***Les Gladiateurs...***, op.cit., pp. 262 et 263; RICHTER, Oliver. ***Sturmtruppen...***, op.cit., p. 19.

(24). LAPARRA, Jean-Claude. ***Les Gladiateurs...***, op.cit., pp. 97 à 101.

(25). LAPARRA, Jean-Claude. ***Les Gladiateurs...***, op.cit., p. 263; KRAUS, Jürgen. ***The German Army in the First World War. Uniforms and Equipment - 1914 à 1918***, Vienna: Verlag Militaria, 2004, p. 226.

(26). LAPARRA, Jean-Claude et HESSE, Pascal. ***Le Sturmbataillon Rohr...***, op.cit., pp. 110 à 113; LAPARRA, Jean-Claude. ***Les Gladiateurs...***, op.cit., pp. 264 à 265.

(27). WICTOR, Thomas. ***German Assault Troops...***, op.cit., p. 9 ; GOLTZ, Georg von der. op.cit., pp. 38 et 39.

(28). RICHTER, Oliver. ***Sturmtruppen...***, op.cit., pp. 49 et 91; LAPARRA, Jean-Claude. ***Les Gladiateurs...***, op.cit., p. 265; WICTOR, Thomas. ***German Assault Troops...***, op.cit., pp. 325 et 326; RICHTER, Oliver. ***Grabenkrieg...***, p. 84.

Épilogue

(1). CULMANN, F.. op.cit., p. 91.

(2). LEYEN, von der. op.cit., pp. 20 et 21.

(3). AHUMADA, Fernando. op.cit., p. 96; CULMANN, F., op.cit., pp. 88 et 89.

(4). GÁNDARA MARSELLA, Luis de la. op.cit., p. 252.

(5). LEYEN, von der. op.cit., p. 19; VV.AA.. ***A survey of German...***, op.cit., p. 7.

(6). GÁNDARA MARSELLA, Luis de la. op.cit., p. 253; BULL, Stephen. op.cit., p. 149.

(7). CONDELL, Bruce et T. ZABECKI, David. op.cit., pp. 23 et 24; STONE, Norman. op.cit., p. 130; CITINO, Robert M.. op. cit., p. 15; MURRAY, Williamson et MILLET, Allan. op.cit., p. 44.

(8). LEYEN, von der. op.cit., p. 64.

(9). BULL, Stephen. op.cit., p. 150; LEYEN, von der. op.cit., p. 8.

(10). MURRAY, Williamson et MILLET, Allan. op.cit., p. 44.

(11). CONDELL, Bruce et T. ZABECKI, David. op.cit., pp. 21 et 22; GÁNDARA MARSELLA, Luis de la. op.cit., pp. 201 à 222; MURRAY, Williamson et MILLET, Allan. op.cit., p. 43.

(12). GÁNDARA MARSELLA, Luis de la. op.cit., pp. 202 et 203.

(13). MURRAY, Williamson et MILLET, Allan. op.cit., p. 38; CONDELL, Bruce et T. ZABECKI, David. op.cit., pp. 20 à 22 et 28 à 29.

BIBLIOGRAPHIE

AHUMADA, Fernando. ***La infantería en la Gran Guerra. Su evolución táctica.*** Toledo : Colegio de María Cristina para Huérfanos de la Infantería, 1928.

BEACH, James. ***The German Army Handbook of 1918.*** London : Frontline Books, 2008.

BECKER, G.. ***Trois conférences sur Ludendorff. Chef d´armée. Réunion des forces, évolutions, conduite de la bataille.*** Paris : Berger-Levrault, 1920.

BECKER, G.. ***Emploi tactique des grandes unités. L´infanterie d´après-guerre en France et Allemande.*** Paris : Berger-Levrault, Paris, 1924.

BENOIST-MECHIN. ***Historia de Alemania y su ejército (1918-1938).*** Barcelona : Montaner & Simón SA, 1942.

BRUCE, Robert. ***Machine Guns of World War I.*** Ramsbury : The Crowood Press, 1997.

BRUCHMÜLLER, Georg. ***L´artillerie dans l´offensive en guerre de positions.*** Paris : Berger-Levrault, 1932.

BUAT. ***L´armée allemande pendant la Guerre de 1914-1918. Grandeur et décadence.*** Paris : Libraire Chapelot,1920.

BUAT. ***Ludendorff.*** Paris : Payot & Cie, 1920.

BUAT. ***Hindenburg.*** Paris : Libraire Chapelot, 1921.

BUAT. ***Hindenburg et Ludendorff. Stratèges.*** Paris : Berger-Levrault, 1923.

BULL, Stephen. ***German Assault Troops of the First World War. Stosstrupptaktik : The First Stormtroopers.*** Gloucestershire : Spellmount, 2007.

CARRIAS, Eugene. ***L´armée allemande. Histoire, organisation et tactique.*** Paris : Berger-Levrault, 1938.

CARRIAS, Eugene. ***Le danger allemand (1866- 1945).*** Paris : Presses Universitaires de France, 1952.

CITINO, Robert M.. ***La muerte de la Wehrmacht. Las campañas de 1942.*** Barcelona : Crítica, 2009.

CONARD, Pierre. ***Trois figures de chefs. Falkenhayn, Hindenburg, Ludendorff.*** Paris : Ernest Flammarion, 1923.

CRON, Hermann. ***Imperial German Army 1914-18 : Organisation, Structure and Orders-of-Battle.*** Solihull : Helion & Company, 2008.

CONDELL, Bruce et T. ZABECKI, David. ***Wehrmacht. El arte de la guerra alemán (Truppenführung).*** Madrid : La esfera de los libros, 2009.

CONQUET. ***La bataille de Caporetto dans le cadre des opérations sur le front italien.*** Paris : Librairie Plon, 1936.

CULMANN, F.. ***Tactique générale d´après l´expérience de la Grande Guerre.*** Paris : Charles Lavauzelle, 1926.

D´ALMEIDA, P. Camena. ***L´armée allemande avant et pendant la guerre de 1914-1918.*** Paris : Berger Levrault, 1919.

DALLIES-LABOURDETTE, Jean-Philippe. ***The Kaiser´s U-Boot.*** Paris : Histoire & Collections, 2009.

DOUCHY. ***Le grand état-major allemand.*** Paris : Payot, Paris, 1923.

DRURY, Ian. ***Tropas de asalto alemanas de la Primera Guerra Mundial.*** Barcelona : RBA, 2009.

FALDELLA, Emilio. ***El ejercicio del mando y los estados mayores en Prusia, en Alemania y en Francia.*** Madrid : colección Bibliográfica Militar (Vol. LXXVI), 1934.

FERNÁNDEZ-MAYORALES, Antonio. ***Guerra de trincheras. Frente occidental (1914-1918).*** Madrid : Andrea Press, 2009.

FLEISCHER, Wolfgang. ***German Trench Mortars and Infantry Mortars (1914-1945).*** Atglen : Schiffer Military History, 1996.

FOSTEN, DSV et MARRION, RJ. ***The German Army (1914-1918).*** Oxford : Osprey (Men at Arms, N° 80), 2005.

GÁNDARA MARSELLA, Luis de la. ***Gases de combate. Medios de protección contra ellos.*** Barcelona : Biblioteca Científico-Militar, 1921.

GÁNDARA MARSELLA, Luis de la. ***Ametralladoras.*** Madrid : E. Dossat Librero, 1910.

GÁNDARA MARSELLA, Luis de la. ***El oficial alemán. Reclutamiento, instrucción, condición social, ascensos y retiros.*** Madrid, 1916.

GÁNDARA MARSELLA, Luis de la. ***Moderna técnica de la infantería.*** Madrid : Imprenta y Encuadernación de Julio Cosano, 1922.

GÁNDARA MARSELLA, Luis de la. ***El moderno ejército alemán. Organización, instrucción, doctrina y cuerpo de oficiales.*** Madrid : Talleres del depósito de la guerra, 1927.

GASCOUIN. ***Evolución de la artillería durante la guerra.*** Valencia : Imprenta de Vicente Taroncher, 1922.

GILBERT, Martin. ***La Primera Guerra Mundial.*** Madrid : La esfera de los libros, 2011.

GOLTZ, Jorge von der. ***¿Qué debe saber y conocer el infante alemán para el combate ?*** Madrid : Establecimiento tipográfico "El trabajo," 1907.

GOYA, Michel. ***La chair et l´acier. L´invention de la guerre moderne (1914-1918).*** Paris : Tallandier, 2004.

GRASSET, A.. ***Verdun. Le premier choc à la 72e Division. Brabant - Haumont - Le bois des Caures (21-24 février 1916).*** Paris : Berger Levrault, 1926.

GRIFFITH, Paddy. ***Fortifications of the Western Front 1914-18.*** Oxford : Osprey (Fortress, N° 24), 2004.

GRIFFON, Charles Henri Clément et MÉRA, Jean Albert Édouard. ***Recuil de Documents Militaires Allemands.*** Paris : Libraire Chapelot, 1920.

GUDMUNDSSON, Bruce. ***Stormtroop Tactics. Innovation in the German Army 1914-1918.*** Westport : Praeger, 1989.

GUERRERO, J.C.. ***De las nuevas armas. Aviación, guerra química, carros de combate.*** Leipzig : Rudolf Schick & Co.,1929.

GUDERIAN, Heinz. ***Achtung-Panzer!*** Barcelona : Tempus, 2008.

HAFFNER, Sebastian. ***Los siete pecados capitales del imperio alemán en la Primera Guerra Mundial.*** Madrid : Destino, 2006.

HERR. ***L´artillerie. Ce qu´elle a été, ce qu´elle est, ce qu´elle droit être.*** Paris : Berger-Levrault, 1923.

HINDENBURG, Paul von. ***Memorias de mi vida.*** Madrid : Biblioteca de "El Sol," 1920.

HOEPPNER, von (general). ***L´Allemagne et la guerre de l´Air.*** Paris : Payot, 1923.

HOWARD, Michael. ***La Primera Guerra Mundial.*** Barcelona : Crítica, 2008.

HUON, Jean. ***Les armes allemandes en 1914-1918.*** Chaumont : Crépin-Leblond, 2005.

JÄGER, Herbert. ***German Artillery of World War One.*** Ramsbury : the Crowood Press, 2009.

JONES, Simon. ***World War I Gas Warfare Tactics and Equipment.*** Oxford : Osprey (Elite, N° 150), 2007.

JÜNGER, Ernst. ***Tempestades de acero. La guerra en el oeste.*** Barcelona : Iberia, 1930.

JÜNGER, Ernst. ***Feu et sang.*** Paris : Le grand livre du mois, 1998.

KILLIAM, Hans Franz Edmun. ***Totentanz auf Hartmannsweiler Kopf 1914-1917.*** Vowinckel : Neckargemünd, K., 1972.

KOELTZ, L.. ***La bataille de France (21 mars - 5 avril 1918).*** Paris : Payot, 1928.

KRAUS, Jürgen. ***The German Army in the First World War. Uniforms and Equipment - 1914 to 1918.*** Vienna : Verlag Militaria, 2004.

KRAUS, Jürgen. ***Handbuch der Verbände und Truppen des deutschen Heeres 1914-1918. Feldartillerie (Teil IX Band 1-2).*** Vienna : Verlag Militaria, 2007.

KRAUS, Jürgen. ***Handbuch der Verbände und Truppen des deutschen Heeres 1914-1918. Infanterie (Teil VI Band 1).*** Vienna : Verlag Militaria, 2007.

KRAUS, Jürgen. ***Handbuch der Verbände und Truppen des deutschen Heeres 1914-1918. Infanterie (Teil VI Band 2).*** Vienna : Verlag Militaria, 2012.

LAPARRA, Jean-Claude. ***La machine á vaincre. L´Armée Allemande 1914-1918.*** Mercues : 14-18 Editions, 2006.

LAPARRA, Jean-Claude. ***Les Gladiateurs. Les formations offensives dans l´Armée allemande (1914-1918).*** Condé-sur-Noireau : Ysec, 2007.

LAPARRA, Jean-Claude et HESSE, Pascal. ***Le Sturmbataillon Rohr (1916-1918).*** Paris : Histoire & Collections, 2010.

LEYEN, von der. ***La cooperación de las armas.*** Madrid : Colección Bibliográfica Militar, Madrid, 1930.

LOIZEAU. ***La stratégie allemande en 1918.*** Paris : Berger-Levrault, 1934.

LUCAS. ***Lo que todo jefe debe saber. Instrucción complementaria para la aplicación de los reglamentos.*** Madrid : Colección Bibliográfica Militar, 1931.

LUDENDORFF, Erich. ***Mis recuerdos de la guerra.*** Barcelona : Industrias Gráficas Seix & Barral Herms., 1920.

LUDENDORFF, Erich. ***Documents du G.Q.G allemand sur le rôle qu´il a joué de 1916 à 1918.*** Paris : Payot, 1922.

LUDWIG, Emil. ***El káiser Guillermo II. Desde su nacimiento hasta su destierro.*** Barcelona : Editorial Juventud, 1937.

MARTIN, Félix et PONT, F.. ***L´Armée allemande. Étude d´organisation.*** Paris : Libraire Militaire R. Chapelot, 1903.

MORTERA PÉREZ, Artemio. ***Ametralladoras del ejército alemán en la Segunda Guerra Mundial.*** Valladolid : AF Editores, 2009.

MURRAY, Williamson et MILLET, Allan. ***La guerra que había que ganar. Historia de la Segunda Guerra Mundial.*** Barcelona : Crítica, 2006.

NEIBERG, Michael S.. ***La Gran Guerra. Una historia global (1914-1918).*** Barcelona : Paidós, 2006.

NÉRÉ, Jacques. ***Historia contemporánea.*** Barcelona : Labor, 1980.

NOESKE, Rolf et P. STEFANSKI, Claus. ***Die Deutschen Marinen (1818-1918) (Vol. 1 et 2).*** Viena : Verlag Militaria, 2012

OSKAR, Prinz von Preussen. ***Die Winterrschlacht in der Champagne.*** 1915.

OFFMANN, W. ***Los médicos alemanes en la guerra mundial.*** Madrid : Calpe, 1922.

PAQUET. ***La défaite militaire de l ´Allemagne en 1918. L´usure des effectifs allemands. La stratégie allemande et la manoeuvre des Alliés.*** Paris : Berger-Levrault, 1925.

PARKER, Geoffrey (Ed.). ***Historia de la guerra.*** Madrid : Akal, 2010.

PITA, René. ***Armas químicas. La ciencia en manos del mal.*** Madrid : Plaza y Valdés Editores, 2008.

POPE, Stephen et WHEAL, Elizabeth-Anne. ***The Macmillan Dictionary of The First World War.*** London : Macmillan, 1995.

QUERO RODILES, Felipe. ***Historia de la Primera Guerra Mundial. De la caballería al carro de combate.*** Madrid : Silex, 2009.

REMARQUE. ***Sin novedad en el frente.*** Madrid : Editorial España, 1929.

REMUS, Sebastian. ***German Amateur Photographers in the First World War. A view from the Trenches on the Western Front.*** Atglen : Schiffer Military History, 2008.

RICHTER, Oliver. ***Sturmtruppen. The Kaiser´s Elite Stormtroopers.*** Erlangen : Tankograd Publishing (Tankograd-World War One, N° 1002), 2010.

RICHTER, Oliver. ***Grabenkrieg. German Trench Warfare.*** Erlangen : Tankograd Publishing (Tankograd-World War One, N° 1005), 2012.

RICHTER, Oliver. ***Grabenkrieg. German Trench Warfare.*** Erlangen : Tankograd Publishing (Tankograd-World War One, N° 1006), 2012.

ROMMEL, Erwin. ***La infantería al ataque.*** Barcelona : Tempus, 2010.

SCARLATA, Paul S.. ***German Gew. 88 "Commission" Rifle.*** Woonsocket : Mowbray Publishers, 2007.

SCHLICHT, Adolf et KRAUS, Jürgen. ***The German Reichswehr. Uniforms and Equipment of the German Army from 1919 to 1932.*** Vienna : Verlag Militaria, 2005.

STONE, Norman. ***Breve historia de la Primera Guerra Mundial.*** Barcelona : Ariel, 2008.

STORZ, Dieter. ***Rifle & Carbina 98. M 98 Firearms of the German Army from 1898 to 1918.*** Vienna : Verlag Militaria, 2006.

STRASHEIM, Rainer. ***Sturmpanzer A7V. First of the Panzers.*** Erlangen : Tankograd Publishing (Tankograd-World War One, N° 1001), 2010.

STRASHEIM, Rainer. Beute-Tanks. ***British Tanks in German Service.*** Erlangen : Tankograd Publishing (Tankograd-World War One, N° 1003), 2011.

STRASHEIM, Rainer. Beute-Tanks. ***British Tanks in German Service.*** Erlangen : Tankograd Publishing (Tankograd-World War One, N° 1004), 2011.

THOMAS, Nigel, RJ. ***The German Army in World War I (1) 1914-15.*** Oxford : Osprey (Men at Arms, N° 394), 2003.

THOMAS, Nigel, RJ. ***The German Army in World War I (2) 1915-17.*** Oxford : Osprey (Men at Arms, N° 407), 2004.

THOMAS, Nigel, RJ. ***The German Army in World War I (3) 1917-18.*** Oxford : Osprey (Men at Arms, N° 419), 2004.

VV.AA.. ***Ce qu´il faut savoir de l´Armée allemande.*** Paris : Henri Charles-Lavauzelle, 1918.

VERA. ***La artillería y su evolución en la Gran Guerra.*** Madrid : Colección Bibliográfica Militar, 1930.

WEEKS, John. ***Armas de infantería.*** Madrid : San Martín, 1980.

WICTOR, Thomas. ***German Flamethower Pioneers of World War I.*** Altglen : Schiffer Military History, 2007.

WICTOR, Thomas. ***German Assault Troops of World War I.*** Altglen : Schiffer Military History, 2012.

WILHELM, Kronprinz. ***Souvenirs de Guerre du Kronprinz.*** Paris : 1923.

WILLIMOTT, H. P.. ***La Primera Guerra Mundial.*** Barcelona : Inédita Editores, 2004.

WOOLLEY, Charles. ***German Uniforms & Insignia. Freikorps, Reichswehr, Vehicles, Weapons.*** Atglen : Schiffer Military History, 2002.

ZALOGA, Steven J.. ***German Panzers 1914-18.*** Oxford : Osprey (New Vanguard, N° 127), 2006.

Magazines

BUFFETAUT, Yves. ***"Verdun. Juin-décembre 1916 (1. La victoire francaise)."*** Paris : Histoire & Collections (Hors-Série N° 61), 2006.

BUFFETAUT, Yves. ***"1918. Les clefs de la victoire."*** Paris : Histoire & Collections (Hors-Série N° 70), 2008.

DUTRÔNE, Christophe. ***"L´artillerie allemande (1914-1918)."*** Paris : Histoire & Collections (Hors-Série Batailles N° 4), 2005.

FLEISCHER, Wolfgang. ***"Deutsche Handgranaten (1914-1945)."*** Wölfersheim-Berstadt : Pozun Pallas Verlag (Waffen Arsenal, Band 174), 1998

LAPARRA, Jean-Claude. ***"L´Armée allemande face à la plus grande tâche de son histoire."*** Paris : Histoire & Collections (Batailles N° 27), 2008

NAUD, Philippe. ***"Les Sturmtruppen de l´Armée allemande."*** Paris : Histoire & Collections (Hors-Série Batailles N° 9), 2006.

ORTHOLAN, H.. ***"L´Armée allemande en 1918."*** Saint-Cloud : 14-18 Editions, 2009.

VV.AA.. ***"Somme 1916 : les tanks attaquent !"*** Paris : Histoire & Collections (Hors-Série Batailles N° 19), 2006.

VV.AA.. ***"Les offensives allemandes de 1918."*** Paris : Histoire & Collections (Hors-Série Batailles N° 27), 2008.

Règlements, manuels et instructions

A Survey of German Tactics. US Army (Historical Section-General Staff-Tactical Studies N°1). 1918.

Das Maschinengewehr 08/15. Berlin, 1918.

Dientstunterricht des deutschen Pioniers. Nach Menzel-v. Wurmb, Dienstunterricht des deutschen Infanteristen. Berlin, 1915.

Der gute Kamerad. ein Lern- und Lesebuch für den Dienstunterricht des deutschen Infanteristen. Berlin, 1915.

H. Dv. 487 Führung und Gefecht der verbundenen Waffen. Berlin, 1921 et 1923.

Handbook of the German Army, 1914. London : The Imperial War Museum In Association With The Battery Press, 1984.

Handbook of the German Army. January 1917. Yorkshire : EP Publishing Limited, 1973.

Handbook of the German Army in War. April 1918. Issued by General Staff, 1918

Handbuch für Unteroffiziere u. Obergefreite der Fussartillerie (Band II). Berlin, 1915.

Histories of two hundred and fifty-one divisions of the German Army which participated in the War (1914-1918). American Expeditionary Forces (General Headquarters, Intelligence Section of the General Staff), 1919.

Notes on German Artillery Material. Trench Artillery. American Expeditionary Forces (Second Section, General Staff), 1918.

Notes on German Shells. General Staff (Intelligence, General Headquarters), 1918.

The German Forces in the Field. November 1918. Nashville : The Imperial War Museum In Association With The Battery Press, 1984.

Unterrichtsbuch für die Maschinengewehr-Kompagnien. Gerät 08. Berlin, 1917.

Achevé d'imprimer en octobre 2015 par Jelgavas Tipogrāfija (Lettonie)
pour le compte des Éditions Heimdal, Georges Bernage, éditeur.